Everyday Chinese

— Selected Prose Readings

每 日 汉 语

散 文 选 读

by Zhong Qin

Associate Professor
Peking (Beijing) Languages Institute

NEW WORLD PRESS 1985

ISBN 0-8351-1396-5

First Edition 1985

Published by

NEW WORLD PRESS

24 Baiwanzhuang Road, Beijing, China

Distributed by

CHINA INTERNATIONAL BOOK TRADING CORPORATION

(GUOJI SHUDIAN)

P.O. Box 399, Beijing, China

Printed in the People's Republic of China

English-speaking readers who have had basic training in the Chinese language but still require help to improve their linguistic knowledge often become disappointed when they go to bookstores to look for suitable bilingual reading material. This was among the responses passed on to us by dealers in Chinese publications from various parts of the world. To answer the need, we published a year ago a self-teaching book *Everyday Chinese — 60 Fables and Anecdotes* giving Chinese characters, *pinyin* (phonetic scripts) and English translation as well as vocabularies and explanatory notes. Our efforts have been rewarding as we have been told that the book is found very useful. Its author, Associate Professor Zhong Qin, now gives a follow-up course. He has selected a variety of articles from Chinese publications, and making use of his 30 years' experience in teaching Chinese to English-speaking students, has condensed and rewritten the articles to suit the needs of foreign readers. The subjects presented in this book range from daily life to phenomena in nature — and vocabulary and ways of speaking and writing that can be mastered by those who already have a grounding in the Chinese language. Towards the end of the book, the author has chosen one of Ye Shengtao's short stories written in 1919. It depicts the miserable life of a young woman in the feudal society, and is written in *baihuawen*, or modern language, which was advocated by progressives as a substitute for classical Chinese. *The Taoist Priest of Mt. Laoshan* is given in both modern and classical Chinese in an attempt to give the readers an idea of the kind of language popularly used prior to the introduction of *baihuawen*.

Editor
New World Press
Beijing, 1984

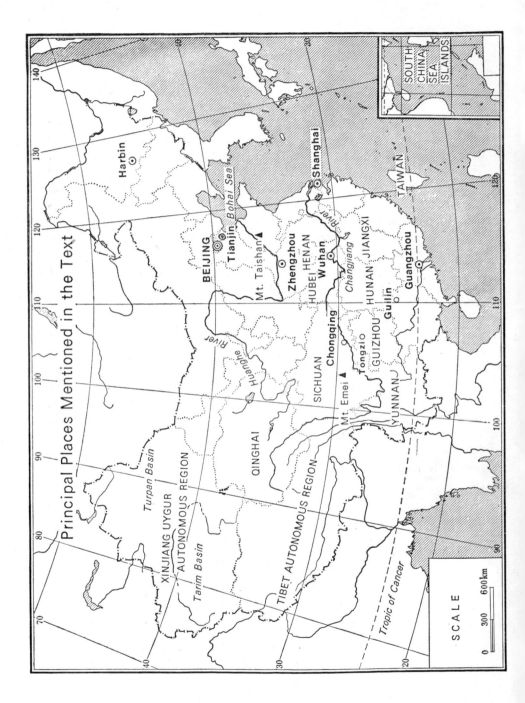

Principal Places Mentioned in the Text

目 录
CONTENTS

1

雨、雾、风、雪
Yǔ, Wù, Fēng, Xuě

在 中国，如果你一月份 从 广州 坐飞机 向
Zài Zhōngguó, rúguǒ nǐ Yīyuèfen cóng Guǎngzhōu zuò fēijī xiàng

北 飞行，你可以在一天之内 经历 各种 不同的气候，
běi fēixíng, nǐ kěyǐ zài yītiān zhīnèi jīnglì gèzhǒng bùtóngde qìhou,

出发的时候， 广州 气温 大约是 摄氏 十三 度(13°C)
chūfāde shíhou, Guǎngzhōu qìwēn dàyuē shì Shèshì shísān dù

左右，机场 外面 鲜花 怒放。 到 长江 中游的
zuǒyòu, jīchǎng wàimian xiānhuā nùfàng. Dào Chángjiāng zhōngyóude

武汉，气温 下降到 四度左右，得加点儿衣服了。到
Wǔhàn, qìwēn xiàjiàngdào sì dù zuǒyòu, děi jiā diǎr yīfu le. Dào

北京，气温 可能 是 零下 五 度的 样子；最后 飞到
Běijīng, qìwēn kénéng shì língxià wǔ dùde yàngzi; zuìhòu fēidào

东北的 哈尔滨，则已是 冰 天 雪地，该 穿 皮大衣
Dōngběide Hā'ěrbīn, zé yǐ shì bīng tiān xuě dì, gāi chuān pí dàyī

了，因为这里的气温是 零下二十一度!啊!从 广州
le, yīnwèi zhèlide qìwēn shì língxià èrshíyī dù! A! Cóng Guǎngzhōu

到 哈尔滨，温度 相差 三十 多度 呐!
dào Hā'ěrbīn, wēndù xiāngchà sānshí duō dù na!

对 中国的 气候 影响 最 大的是季风。由于
Duì Zhōngguóde qìhou yǐngxiǎng zuì dàde shì jìfēng. Yóuyú

so the time difference from east to west is over four hours. When it is noon in the east and people are going off work for lunch, the people in the far west are just going to work.

After the founding of new China in 1949 the government decided to establish one standard time throughout the country as an aid to unification and economic development.   Because all three municipalities directly under the Central People's Government and more than half the provincial capitals are located in the eastern eighth time zone and because Peking is the capital of China, it was decided to adopt the local time of this zone as the standard time for the entire country.

In ancient China sundials and water clocks were used to determine the time.   The water clock was a bronze container of water with a small opening in the bottom through which the water gradually drained. The drop in the water level indicated how much time had passed.   For centuries the Chinese people divided the day into 12 parts.   Not until the 17th century when foreign clocks were introduced into China was the method of dividing a day into 24 hours adopted.

Six observatories in China form a network to measure and check the time.   Besides broadcasting time signals through radio stations for civilian purposes, they use wireless facilities to broadcast special time signals of greater accuracy for use in national defense and scientific research.

中国　　地处欧亚大陆的东　南部，又濒临　太平洋，
Zhōngguó dìchǔ Ou Yà dàlùde dōng nán bù, yòu bīnlín Tàipíngyáng,

十月　到　三月　从西北吹来的季风使　中国的　冬季
Shíyuè dào Sānyuè cóng xī běi chuīlái de jìfēng shǐ Zhōngguóde dōngjì

寒冷　而又　干燥；四月到　九月　从　海洋　吹来的湿
hánlěng ér yòu gānzào; Sìyuè dào Jiǔyuè cóng hǎiyáng chuīlái de shī

季风又使夏季高温炎热，东　南地区则　潮湿　多雨。
jìfēng yòu shǐ xiàjì gāowēn yánrè, dōng nán dìqū zé cháoshī duō yǔ.

　　领土　辽阔，地形各异，是　中国　气候复杂的另一
Lingtǔ liáokuò, dìxíng gè yì, shì Zhōngguó qìhou fùzá de lìng yī

原因。　中国　从　北到　南相距五千五百公里，
yuányīn. Zhōngguó cóng běi dào nán xiāngjù wǔ qiān wǔ bǎi gōnglǐ,

共　跨纬度四十九度，包括　寒带，温带和亚热带，而
gòng kuà wěidù sìshí jiǔ dù, bāokuò hándài, wēndài hé yàrèdài, ér

百分之九十以上的土地在　北温带，如　长江　中
bǎifēnzhī jiǔshí yǐshàngde tǔdì zài běi wēndài, rú Chángjiāng zhōng-

游的湖北　省　年　平均　温度约十六度。
yóude Húběi shěng nián píngjūn wēndù yuē shíliù dù.

　　位于　青藏　高原的藏北，全年　平均　温度
Wèiyú Qīng-Zàng gāoyuán de Zàngběi, quánnián píngjūn wēndù

为　零下六度。　黑龙江　最低达零下四十多　度。
wéi língxià liù dù. Hēilóngjiāng zuì dī dá língxià sìshí duō dù.

新疆　曾经纪录到零下五十一　点　五度的气温，是
Xīnjiāng céngjīng jìlùdào língxià wǔshí yī diǎn wǔ dùde qìwēn, shì

中国　绝对温度最低的纪录。
Zhōngguó juéduì wēndù zuì dīde jìlù.

　　夏天　最热的地方是　新疆的吐鲁番盆地，七月份的
Xiàtiān zuì rède dìfang shì Xīnjiāngde Tǔlǔfān péndì, Qīyuèfende

平均　温度为三十三点四度，最高气温可超过
píngjūn wēndù wéi sānshí sān diǎn sì dù,　zuì gāo qìwēn kě chāoguò

四十度。
sìshí dù.

　　降雨量　最多的 地方在 台湾；雨量　最 少的
Jiàngyǔliàng zuì duōde dìfang zài Táiwān; yǔliàng zuì shǎode

地方在 新疆 塔里木盆地，平均　年　降雨量 只 有
dìfang zài Xīnjiāng Tálimù péndì, píngjūn nián jiàngyǔliàng zhǐ yǒu

十 几毫米。
shí jǐ háomǐ.

　　贵州　省的 桐梓，一年 有 二百七十四个阴雨天，
Guìzhōu shěngde Tóngzǐ, yīnián yǒu èr bǎi qīshí sìge yīn yǔ tiān,

也就是 说，四天 中 有 三 天是 阴雨天气。
yě jiù shì shuō, sì tiān zhōng yǒu sān tiān shì yīn yǔ tiānqì.

　　四川　省的 重庆　是 有名的 "雾 都"，一年
Sìchuān shěngde Chóngqìng shì yǒumíngde "wù dū", yī nián

平均 一百多 天有雾，一到 冬天 尤其如此。四川
píngjūn yī bǎi duō tiān yǒu wù, yī dào dōngtiān yóuqí rúcǐ. Sìchuān

省的 峨嵋山，一年 中 雾日达三 百 二十七天，
shěngde Eméi shān, yī nián zhōng wùrì dá sān bǎi èrshí qī tiān,

几乎全 年 都是 笼罩在 云雾 之 中。
jīhū quán nián dōu shì lǒngzhàozài yúnwù zhī zhōng.

雨	yǔ	rain
雾	wù	fog
风	fēng	wind
雪	xuě	snow
一月份	Yīyuèfen	January

广州	Guǎngzhōu	Guangzhou (Kwangchow, Canton)
北	běi	north
飞行	fēixíng	fly
…之内	… zhīnèi	in; within
经历	jīnglì	undergo; go through; experience
各	gè	various; every; each
种	zhǒng	kind
不同	bùtóng	different; difference
气候	qìhou	weather
出发	chūfā	set off; start off
气温	qìwēn	air temperature
大约	dàyuē	about; approximately
摄氏	Shèshì	centigrade (C)
度	dù	degree
左右	zuǒyòu	around; about; … or so
机场	jīchǎng	airport; airfield
鲜花怒放	xiānhuā nùfàng	fresh flowers are in full bloom
长江	Chángjiāng	Changjiang River (Yangtze River)
中游 '	zhōngyóu	middle reaches
武汉	Wǔhàn	Wuhan (including Wuchang, Hankou and Hanyang)
下降	xiàjiàng	drop; descend; go down
得	děi	need; must
加	jiā	add
衣服	yīfu	clothes
北京	Běijīng	Beijing (Peking)
可能	kěnéng	probable; possible; maybe
零下	língxià	below zero
是…（的）样子	shì … (de) yàngzi	about; nearly; around
最后	zuìhòu	at last; last
东北	Dōngběi	northeast
哈尔滨	Hā'ěrbīn	Ha'erbin (Harbin)

则	zé	then; however
已	yǐ	already
冰天雪地	bīng tiān xuě dì	a world of ice and snow
该	gāi	should; ought to
穿	chuān	wear; put on
皮	pí	fur; leather
大衣	dàyī	overcoat
啊	à	Ah!
冰	bīng	ice
相差	xiāngchà	differ
呐	na	*particle*
影响	yǐngxiǎng	influence; affect
季风	jìfēng	monsoon; seasonal wind
由于	yóuyú	owing to; due to; as a result of
地处	dìchǔ	to be located at
欧 (洲)	Ou (zhōu)	Europe
亚 (洲)	Yà (zhōu)	Asia
大陆	dàlù	continent; land mass
东南部	dōng nán bù	southeastern part
又	yòu	and; moreover; besides
濒临	bīnlín	border on; be close to
太平洋	Tàipíngyáng	Pacific Ocean
十月	Shíyuè	October
三月	Sānyuè	March
西北	xī běi	northwest
吹	chuī	blow
使	shǐ	make; cause; render; enable
冬季	dōngjì	winter (season)
寒冷	hánlěng	cold
而	ér	and; but; yet
干燥	gānzào	dry; arid
四月	Sìyuè	April

九月	Jiǔyuè	September
海洋	hǎiyáng	seas; ocean
湿	shī	wet
夏季	xiàjì	summer (season)
高温	gāowēn	high temperature
炎热	yánrè	burning hot; scorching
地区	dìqū	region; area
潮湿	cháoshī	damp; moist
多	duō	plenty of; abundance of
领土	lǐngtǔ	territory
辽阔	liáokuò	vast; extensive
地形	dìxíng	terrain; topography
各异	gèyì	differ from each other
复杂	fùzá	complicated
另	lìng	another; other
原因	yuányīn	reason
南	nán	south
相距	xiāngjù	away from; apart; at a distance of
公里	gōnglǐ	kilometre
共	gòng	in all; altogether
跨	kuà	cut across; stride
纬度	wěidù	latitude
包括	bāokuò	include; consist of
寒带	hándài	frigid zone
温带	wēndài	temperate zone
亚热带	yàrèdài	subtropical zone
百分之…	bǎifēnzhī …	per cent
…以上	…yǐshàng	above; over; more than
土地	tǔdì	land
如	rú	as; for instance; like
湖北省	Húběi shěng	Hubei province
平均	píngjūn	average; by an average of

12

约	yuē	about; approximately
位于	wèiyú	to be located at
青藏高原	Qīng-Zàng gāoyuán	Qinghai-Tibet plateau
藏北	Zàngběi	the northern part of Tibet
全年	quánnián	annual; the whole year
为	wéi	to be
黑龙江	Hēilóngjiāng	Heilongjiang province
低	dī	low
达	dá	reach
新疆	Xīnjiāng	Xinjiang (Uygur Autonomous Region)
曾经	céngjīng	at some time in the past
纪录	jìlù	record
点	diǎn	point
绝对	juéduì	absolute
夏天	xiàtiān	summer
热	rè	hot
吐鲁番	Tǔlǔfān	Turfan (Basin)
盆地	péndì	basin
七月份	Qīyuèfen	July
可	kě	can
超过	chāoguò	exceed; surpass
降雨量	jiàngyǔliàng	rainfall
台湾	Táiwān	Taiwan province
雨量	yǔliàng	rainfall
塔里木	Tǎlǐmù	Tarim (Basin)
毫米	háomǐ	millimetre
贵州省	Guìzhōu shěng	Guizhou province
桐梓	Tóngzǐ	Tongzi (city)
阴天	yīntiān	cloudy day
雨天	yǔtiān	rainy day

也就是说	yě jiù shì shuō	that is to say; it means
中	zhōng	among; in
四川省	Sìchuān shěng	Sichuan province
重庆	Chóngqìng	Chongqing (city)
有名	yǒumíng	famous
都	dū	city; metropolis
一（到冬天）	yī (dào dōngtiān)	as soon as (winter comes); when (winter comes)
尤其	yóuqí	especially; particularly
如此	rúcǐ	like this; so; such
峨嵋山	Eméi shān	Emei Mountain
雾日	wùrì	foggy day
几乎	jīhū	almost; nearly
笼罩	lǒngzhào	envelop; shroud
云雾	yúnwù	cloud; cloud and fog; mist
…之中	. . . zhī zhōng	in; among; in the middle of

14

Rain, Fog, Wind and Snow

In China, if you fly north from Guangzhou in January you can experience a whole range of climates all in one day. When you set out, the temperature will be around 13 degrees centigrade and the flowers in bloom outside the airport. At Wuhan on the middle reaches of the Changjiang (Yangtze) River the temperature will have dropped to about 4°C, and you'll need more clothes. At Peking (Beijing) the temperature may be 5°C below zero and finally at Harbin in the northeast you'll see a land of ice and snow where fur overcoats are necessary, for the temperature can be as low as 21°C below zero. From Guangzhou to Harbin the temperature varies over thirty degrees!

Seasonal winds have the greatest influence on China's climate. China is located in the southeastern part of the Eurasian land mass and borders on the Pacific to the east. From October to March winds from the northwest make the winters cold and dry. From April to September wet monsoons blowing in from the ocean make the summer months hot and, in the southeast, rainy.

China's great area and the divergence of its terrain types is another factor contributing to the complexity of the climate. China stretches 5,500 kilometres from north to south and spans forty-nine degrees of latitude over the frigid, temperate and subtropical zones. Over ninety percent of the land, however, is in the temperate zone. Hubei province on the middle reaches of the Yangtze River, for instance, has an average annual temperature of 16°C.

The northern part of Tibet on the Qinghai-Tibet plateau has an average annual temperature of —6°C. In Heilongjiang province in the northeast, the lowest temperature is under —40°C, and the lowest temperature ever recorded in China was —51.5°C in Xinjiang.

The hottest place in China in the summer is in the Turfan Basin, Xinjiang. Here, the average temperature in July is 33.4°C. The highest temperature can exceed 40°C.

The wettest place in China is Taiwan while the dryest is the Tarim

Basin in Xinjiang which gets less than twenty millimetres of rain per year.

In the city of Tongzi in Guizhou province, the average number of rainy days per year is 274. That is, rainfalls on three days out of every four.

Chongqing in Sichuan province is a well-known "fog city" which has more than one hundred foggy days a year, mostly in the winter. Mt. Omei in this province is shrouded in fog almost all year round; it has up to 327 foggy days per year.

2

格林尼治时间和北京时间
Gélinnizhì Shíjiān hé Běijīng Shíjiān

两个　年轻人　安静地 坐在　靠　墙　的　沙发上，
Liǎngge niánqīngrén ānjìngde zuòzài kào qiáng de shāfāshang,

听着 各自的 半导体收音机。
tīngzhe gèzìde bàndǎotǐ shōuyīnjī.

"It is now zero hour Greenwich mean time." 这 是 "美国 之
　　　　　　　　　　　　　　　　　　　　　　Zhè shì "Měiguó zhī

音" 的 播音员的　浓厚的　美国 音，他的 男中音 是
yīn" de bōyīnyuánde nónghòude Měiguó yīn, tāde nánzhōngyīn shì

那么 悦耳。
nàme yuè'ér.

"刚才　最后一　响，是 北京　时间八　点　整。"
"Gāngcái zuìhòu yī xiǎng, shì Běijīng shíjiān bā diǎn zhěng."

另 一架 收音机里 传来　中央　人民　广播　电台
Lìng yījià shōuyīnjī.i chuánlái Zhōngyāng Rénmín Guǎngbō Diàntái

那位 女播音员的　声音，她的 女中音 清晰、稳重，
nèiwèi nǚ-bōyīnyuánde shēngyīn, tāde nǚzhōngyīn qīngxī, wěnzhòng,

学 汉语 的 外国　朋友 几乎 每天　都 要　用 录音机
xué Hànyǔ de wàiguó péngyou jīhū měitiān dōu yào yòng lùyīnjī

录下她的 广播。
lùxia tāde guǎngbō.

你 问 我， 在 这篇 短文里我 准备 讲 些 什么，
Nǐ wèn wǒ, zài zhèipiān duǎnwénli wǒ zhǔnbèi jiǎng xiē shénme,

是 吗？我 要 讲 的 是"时间"，就是 刚才 我们 同时
shì ma? Wǒ yào jiǎng de shì "shíjiān", jiù shì gāngcái wǒmen tóngshí

从 两架 收音机里 听到 的 两种 不同的"时间"，
cóng liǎngjià shōuyīnjīli tīngdào de liǎngzhǒng bùtóngde "shíjiān",

一个 是 格林尼治 时间 零点，另 一个 是 北京 时间
yíge shì Gélínnízhì shíjiān língdiǎn, lìng yíge shì Běijīng shíjiān

八点。
bādiǎn.

请 你 从 这 两个 年轻人 坐 的 沙发 往 上
Qǐng nǐ cóng zhè liǎngge niánqīngrén zuò de shāfā wǎng shàng

看，那 不 是 一幅巨大的世界地图 吗？这儿 是 伦敦，
kàn, nà bú shì yīfú jùdàde shìjiè dìtú ma? Zhèr shì Lúndūn,

著名的 格林尼治天文台 离 这个 城市 不算 太 远。
zhùmíngde Gélínnízhì tiānwéntái lí zhèige chéngshì bú suàn tài yuǎn.

伦敦 在 北京的 西边，北京 在 伦敦的 东边。
Lúndūn zài Běijīngde xībiān, Běijīng zài Lúndūnde dōngbiān.

中国 横 跨 五个 时区，但 全国 都 采用
Zhōngguó héng kuà wǔge shíqū, dàn quánguó dōu cǎiyòng

"北京时间" 来 计时。广播 电台 在 整点 时播发
"Běijīng shíjiān" lái jì shí. Guǎngbō diàntái zài zhěngdiǎn shí bōfā

六响 报 时 讯号。
liùxiǎng bào shí xùnhào.

"北京时间" 是 东经 一百二十度的 时间。这 是
"Běijīng shíjiān" shì dōngjīng yī bǎi èrshí dùde shíjiān. Zhè shì

根据一八八四年 华盛顿 国际 经度 会议 通过 的
gēnjù yībābāsì nián Huáshèngdùn Guójì Jīngdù Huìyì tōngguò de

18

世界　标准时　制度　确定　的，即以　伦敦　格林尼治
shìjiè biāozhǔnshízhìdù quèdìng de, jí yǐ Lúndūn Gélínnízhì

天文台　所在　经线　定为　零度　作起点，把地球按
tiānwéntái suǒzài jīngxiàn dìngwéi língdù zuò qǐdiǎn, bǎ dìqiú àn

经度　分成　二十四个　时区，各区　包括　经度　范围
jīngdù fēnchéng èrshí sìge shíqū, gè qū bāokuò jīngdù fànwéi

十五度。各区都以　中央　经线　为　标准，太阳
shíwǔ dù. Gè qū dōu yǐ zhōngyāng jīngxiàn wéi biāozhǔn, tàiyang

居中　为　正午，计算出　本区的　标准　时间。北京
jū zhōng wéi zhèngwǔ, jìsuànchū běn qūde biāozhǔn shíjiān. Běijīng

在　东经　第八时区，因此要比格林尼治时间　早八个
zài dōngjīng dìbā shíqū, yīncǐ yào bǐ Gélínnízhì shíjiān zǎo bāge

小时。其实，北京　位于　东经　一百一十六度，同
xiǎoshí. Qíshí, Běijīng wèiyú dōngjīng yì bǎi yīshí liùdù, tóng

"北京时间"　相差　十六分　钟。
"Běijīng shíjiān" xiāngchà shíliù fēn zhōng.

　　上面　说过，中国　横跨　五个时区，东西
　　Shàngmian shuōguò, Zhōngguó héngkuà wǔge shíqū, dōng xī

国境的　时差　达四个多　小时。东边的　人　中午
guójìngde shíchā dá sìge duō xiǎoshí. Dōngbiānde rén zhōngwǔ

下班吃午饭去了，西边的人早晨　刚去上班。
xià bān chī wǔfàn qù le, xībiānde rén zǎochén gāng qù shàng bān.

　　一九四九年　新　中国　成立。为了适应　政治
　　Yījiǔsìjiǔ nián xīn Zhōngguó chénglì. Wèile shìyìng zhèngzhì

统一和经济发展的需要，政府　决定　采用　统一的
tǒngyī hé jīngjì fāzhǎn de xūyào, zhèngfǔ juédìng cǎiyòng tǒngyīde

标准　时间。鉴于　全国的　三个　直辖市　以及一半
biāozhǔn shíjiān. Jiànyú quánguóde sānge zhíxiáshì yǐjí yíbàn

以上的 省会 都在 东 八时区，北京 又是 中国的
yǐshàngde shěnghuì dōu zài dōng bā shíqū, Běijīng yòu shì Zhōngguóde

首都， 所以 规定 把 本 区的 地方 时间， 定名为
shǒudū, suǒyǐ guīdìng bǎ běn qūde dìfāng shíjiān, dìngmíngwéi

"北京时间"， 作为 全国 通用 的 标准 时间。
"Běijīng shíjiān", zuòwéi quánguó tōngyòng de biāozhǔn shíjiān.

中国 古代 曾 用 日晷 定 时，漏壶 计时。漏壶
Zhōngguó gǔdài céng yòng rìguǐ dìng shí, lòuhú jì shí. Lòuhú

是 一种 盛 水的 铜壶，壶底 有 孔， 壶中的 水
shì yìzhǒng chéng shuǐ de tóng hú, hú dǐ yǒu kǒng, húzhōngde shuǐ

渐渐 漏下， 水面 随 之 降低， 显示 时间的 推移。
jiànjiàn lòuxia, shuǐmiàn suí zhī jiàngdī, xiǎnshì shíjiānde tuīyí.

中国 历史上 长期 将 一 天 分为 十二个 时辰。
Zhōngguó lìshǐshang chángqī jiāng yī tiān fēnwéi shí'èrge shíchen.

一直 到 十七世纪，引进了 外国的 钟 表，才 改用
Yīzhí dào shíqī shìjì, yǐnjìnle wàiguóde zhōng biǎo, cái gǎiyòng

一日 为 二十四 小时的 计时法。
yī rì wéi èrshí sì xiǎoshíde jìshífǎ.

中国 有 六个 天文台 组成 一个测时 守 时的
Zhōngguó yǒu liùge tiānwéntái zǔchéng yīge cè shí shóu shí de

时间 工作网。 除了 由 广播 电台播发 时间 信号
shíjiān gōngzuòwǎng. Chúle yóu guǎngbō diàntái bōfā shíjiān xìnhào

以 供 民用， 天文台 还 通过 无线 电台 播发
yǐ gòng mínyòng, tiānwéntái hái tōngguò wúxiàn diàntái bōfā

专门的 时间 讯号，以 更 精确的 时间 供 国防
zhuānménde shíjiān xùnhào, yǐ gèng jīngquède shíjiān gòng guófáng

和 科学 研究 使用。
hé kēxué yánjiū shǐyòng.

格林尼治时间	Gélínnízhì shíjiān	Greenwich mean time
北京时间	Běijīng shíjiān	Peking time; Beijing time
年轻	niánqīng	young
安静	ānjìng	quiet
坐	zuò	sit
靠	kào	near; by; lean against
墙	qiáng	wall
沙发	shāfā	sofa; settee
听	tīng	listen
各自	gèzì	each
半导体	bàndǎotǐ	transistor; semiconductor
收音机	shōuyīnjī	receiver; radio
美国之音	Měiguó zhī yīn	Voice of America
播音员	bōyīnyuán	announcer
用	yòng	use
浓厚	nónghòu	heavy; strong
音	yīn	voice; sound; accent
宣布	xuānbù	announce; declare
男中音	nánzhōngyīn	baritone
那么	nàme	so; that
悦耳	yuè'ěr	pleasant; pleasing to the ear
刚才	gāngcái	just; a while ago
最后	zuìhòu	last
响	xiǎng	sound; noise
整	zhěng	sharp; whole; complete
架	jià	*m.w. for wireless set, TV set, aircraft, etc.*
传	chuán	transmit; pass
中央	zhōngyāng	centre; central
广播	guǎngbō	broadcast
电台	diàntái	radio station
位	wèi	*m.w. for person (polite form)*

女	nǚ	woman; female
声音	shēngyīn	voice
女中音	nǚzhōngyīn	mezzo-soprano
清晰	qīngxī	clear
稳重	wěnzhòng	steady and calm; sedate
录音机	lùyīnjī	sound recorder
录（下）	lù (xia)	record
篇	piān	*m.w. for article, writing, etc.*
短文	duǎnwén	(short) article; essay
准备	zhǔnbèi	intend; plan; prepare
讲	jiǎng	tell; talk about
零点	língdiǎn	zero hour
同时	tóngshí	at the same time; simultaneously
往上	wǎng shàng	upward
幅	fú	*m.w. for map, drawing, etc.*
巨大	jùdà	huge; enormous; great
世界	shìjiè	world; universal
地图	dìtú	map
伦敦	Lúndūn	London
著名	zhùmíng	famous; well-known
天文台	tiānwéntái	observatory
离	lí	be away from
城市	chéngshì	city
算	suàn	consider; count as
远	yuǎn	far
西边	xībiān	west
东边	dōngbiān	east
横	héng	horizontal; across
时区	shíqū	time zone
采用	cǎiyòng	adopt; use
计	jì	count; calculate
整点	zhěngdiǎn	(at a certain o'clock) sharp

播发	bōfā	broadcast
报时	bào shí	give the correct time
讯号	xùnhào	signal
东经	dōngjīng	east longitude
根据	gēnjù	according to; in the light of
华盛顿	Huáshèngdùn	Washington (D.C.)
国际	guójì	international
经度	jīngdù	longitude
会议	huìyì	conference; meeting
通过	tōngguò	pass; adopt
标准	biāozhǔn	standard
制度	zhìdù	system
确定	quèdìng	fix; determine
以…	yǐ …	take (sth.) as
所	suǒ	that which; those which; which
经线	jīngxiàn	longitude
定（为）	dìng (wéi)	set; fix; decide
零度	língdù	zero degree
作	zuò	as; take (sth.) as
起点	qǐdiǎn	starting point
地球	dìqiú	the globe
按	àn	in accordance with
分（成）	fēn (chéng)	divide (into)
区	qū	zone; region
范围	fànwéi	range; scope
以…为…	yǐ …wéi …	take (sth.) as; regard as
太阳	tàiyang	sun; solar
居中	jū zhōng	to be in the middle; directly over
正午	zhèngwǔ	high noon
计算	jìsuàn	calculate; count
本	běn	this; the given
因此	yīncǐ	therefore; so

其实	qíshí	in fact; as a matter of fact
上面	shàngmian	above
国境	guójìng	territory; border
时差	shíchā	time difference
中午	zhōngwǔ	noon
下班	xià bān	go off work; knock off
早晨	zǎochén	morning; early morning
刚	gāng	barely; only just
上班	shàng bān	go to work; start work
成立	chénglì	establish; founding
为了	wèile	for; in order to
适应	shìyìng	suit; fit
政治	zhèngzhì	politics; political
统一	tǒngyī	unify; unification
经济	jīngjì	economy
发展	fāzhǎn	develop; development
需要	xūyào	need
政府	zhèngfǔ	government
决定	juédìng	decide; decision
鉴于	jiànyú	in view of; seeing that
直辖市	zhíxiáshì	municipality directly under the Central Government
以及	yǐjí	and; along with
一半	yībà(n)r	half; one half
省会	shěnghuì	provincial capital
首都	shǒudū	capital
规定	guīdìng	formulate; provide; stipulate
地方	dìfāng	local
定名	dìngmíng	name; denominate
作为	zuòwéi	as; look on as; take for
通用	tōngyòng	in common use; current; general
古代	gǔdài	ancient times

日晷	rìguǐ	sundial
定	dìng	fix; decide
漏壺	lòuhú	water clock; clepsydra; hourglass
盛	chéng	hold; contain
铜	tóng	bronze; copper
壺	hú	pot; kettle
底	dǐ	bottom
孔	kǒng	hole
水	shuǐ	water
渐渐	jiànjiàn	gradually; by and by
漏	lòu	leak; drop
水面	shuǐmiàn	water surface
随	suí	follow
之	zhī	it; this; that
降低	jiàngdī	lower; drop; reduce
显示	xiǎnshì	show; indicate
推移	tuīyí	elapse; pass (of time)
历史	lìshǐ	history
长期	chángqī	over a long period of time
将	jiāng	*preposition, same as* 把 (**bǎ**)
分为	fēnwéi	divide into
时辰	shíchen	*ancient Chinese unit of time,* = 2 hours
一直	yīzhí	all along
世纪	shìjì	century
引进	yǐnjìn	introduce from elsewhere
钟	zhōng	clock
表	biǎo	watch
才	cái	only then
改	gǎi	transform; revise
日	rì	day; sun
小时	xiǎoshí	hour

…法	…fǎ	method; way
组成	zǔchéng	form; compose
测	cè	measure; survey
守	shǒu	keep watch; observe
网	wǎng	net; network
信号	xìnhào	signal
以	yǐ	so as to; in order to
供	gòng	provide
民用	mínyòng	for civil use; civil
通过	tōngguò	through
无线	wúxiàn	wireless
专门	zhuānmén	special; specially
以	yǐ	with; using; utilizing
更	gèng	more; even more
精确	jīngquè	accurate; precise
国防	guófáng	national defence
科学	kēxué	science
研究	yánjiū	research; study
使用	shǐyòng	use; apply

Greenwich Mean Time and Peking (Beijing) Time

Two young men are sitting quietly on a settee beside the wall. They are listening to their transistors.

"It is now zero hour Greenwich mean time."

This is the pleasant baritone of the announcer of the VOA. He has a heavy American accent.

"It is eight hours Peking time."

The clear and steady voice of the woman announcer of the Central People's Broadcasting Station comes through the other transistor. Foreign friends learning Chinese record her mezzo-soprano almost everyday.

You ask me what I'm going to tell you in this article. Well, I would like to tell you something about *time*, — the two different times you've just heard broadcast simultaneously from the two transistors; zero hour (Greenwich mean time) and eight hours (Peking time).

Please look upward from the settee where the two young people are sitting. Isn't that a huge map on the wall? Here is London. The famous Greenwich Observatory is not very far from this city. London is to the west of Peking, and Peking (Beijing) is located to the east of London.

Although China crosses five time zones, the entire country uses Peking time. Radio stations give time signals (six pips) hourly.

Peking time is the meridian time of longitude 120° in the eastern hemisphere. It is based on the international standard time system adopted at the Meridian Conference in Washington in 1884. Twenty-four standard time zones 15° apart in longitude were set up, starting from longitude 0° at the Greenwich Observatory in London. Each time zone takes the central meridian as its standard. When the sun is directly over this line, it is noon throughout the zone. Peking is in the eighth time zone in the eastern hemisphere and therefore, it is eight hours ahead of Greenwich mean time, though the city itself is actually on longitude 116° and its actual time would be 16 minutes different.

As I said above, China's territory stretches through five time zones,

3

集邮者的话
Jíyóuzhěde Huà

中国的 第一套 邮票 是 清朝 政府 在一八七八
Zhōngguóde dìyītào yóupiào shì Qīngcháo zhèngfǔ zài yībāqībā

年 发行 的，一共 三张， 面值 分别 为 一 分 银、
nián fāxíng de, yīgòng sānzhāng, miànzhí fēnbié wéi yī fēn yín,

三 分 银 和 五 分 银，邮票 正中间 是 一条 龙。
sān fēn yín hé wǔ fēn yín, yóupiào zhèngzhōngjiān shì yītiáolóng.

一直 到 一九四九 年， 中国 总共 发行了八十套、
Yīzhí dào yījiǔsìjiǔ nián, Zhōngguó zǒnggòng fāxíngle bāshítào,

一百 零 八种 邮票。
yī bǎi líng bāzhǒng yóupiào.

一九二九年， 中国 共产党 领导 的 最 早的
Yījiǔ'èrjiǔ nián, Zhōngguó Gòngchǎndǎng lǐngdǎo de zuì zǎode

农村 根据地之一 湘 赣 边区 发行过 一套 邮票，
nóngcūn gēnjùdì zhī yī Xiāng Gàn Biānqū fāxíngguò yītào yóupiào,

正中 画 的 是 一个 五 角 星 和 铁 锤 镰刀，
zhèngzhōng huà de shì yīge wǔ jiǎo xīng hé tiě chuí liándāo,

象征着 共产党的 领导 和 工 农 革命。 到
xiàngzhēngzhe Gòngchǎndǎngde lǐngdǎo hé gōng nóng gémìng. Dào

一九四九 年，各 解放区的 人民 政权 共 发行
yījiǔsìjiǔ nián, gè jiěfàngqūde rénmín zhèngquán gòng fāxíng

邮票 一 千 多 种。
yóupiào yī qiān duō zhǒng.

从 一九四九年 到 一九七九年 国庆节，三十 年
Cóng yījiǔsìjiǔ nián dào yījiǔqījiǔ nián Guóqìngjié, sānshí nián

内 新 中国 发行 各种 邮票 三百八十六套，一
nèi xīn Zhōngguó fāxíng gèzhǒng yóupiào sān bǎi bāshí liù tào, yī

千 六 百 零 六 种，其中 纪念 和 特种 邮票的 发行
qiān liù bǎi líng liù zhǒng, qízhōng jìniàn hé tèzhǒng yóupiàode fāxíng

套数 占 百分之九十 以上。 解放 初期 曾经 出过
tàoshù zhàn bǎifēnzhī jiǔshí yíshàng. Jiěfàng chūqī céngjīng chūguò

航空 邮票 和 欠资 邮票，但 在 五十 年代 中期
hángkōng yóupiào hé qiànzī yóupiào, dàn zài wǔshí niándài zhōngqī

就 停止 发行 了。
jiù tíngzhǐ fāxíng le.

集邮者 可以 注意 到，在 中国的 纪念 邮票上
Jíyóuzhě kěyǐ zhùyìdào, zài Zhōngguóde jìniàn yóupiàoshang

有 个 J 字，代表 汉语 拼音 "Jinian"（纪念）；在
yǒu ge J zì, dàibiǎo Hànyǔ pīnyīn "Jìniàn"; zài

特种 邮票上 有 个 T 字，代表 "Tezhong"（特种）。
tèzhǒng yóupiàoshang yǒu ge T zì, dàibiǎo "Tèzhǒng".

在 J 或者 T 后面 有 编号、数号 和 表示第几枚的
Zài J huòzhě T hòumian yǒu biānhào, shùhào hé biǎoshì dìjíméide

标志。 发行 年代 都 印在 右侧。
biāozhì. Fāxíng niándài dōu yìnzài yòucè.

纪念 邮票 以 重大 政治 事件 和 重要 纪念日
Jìniàn yóupiào yǐ zhòngdà zhèngzhì shìjiàn hé zhòngyào jìniànrì

为 内容。例如，为了 纪念 中国 民主 革命 先驱
wéi nèiróng. Lìrú, wèile jìniàn Zhōngguó mínzhǔ gémìng xiānqū

孙 中山， 文学家、思想家、革命家 鲁迅， 发行过
Sūn Zhōngshān; wénxuéjiā, sīxiǎngjiā, gémìngjiā Lǔxùn, fāxíngguò

纪念 邮票。为 纪念 明朝 著名 药物学家李 时珍
jìniàn yóupiào. Wèi jìniàn Míngcháo zhùmíng yàowùxuéjiā Lǐ Shízhēn

也 发行了 纪念 邮票。
yě fāxíngle jìniàn yóupiào.

特种 邮票 题材 广泛， 内容 包括 社会主义
Tèzhǒng yóupiào tícái guǎngfàn, nèiróng bāokuò shèhuìzhǔyì

革命 和 建设的 成就， 模范 人物， 文化 生活，
gémìng hé jiànshède chéngjiù, mófàn rénwù, wénhuà shēnghuó,

重大 发明，古代 艺术 以及 中国的 动物、 植物
zhòngdà fāmíng, gǔdài yìshù yǐjí Zhōngguóde dòngwù, zhíwù

等等。 中国 生长 的一 千 三 百 多 种
děngděng. Zhōngguó shēngzhǎng de yī qiān sān bǎi duō zhǒng

蝴蝶，已有 二十种 作为 图案印在 特种 邮票上。
húdié, yǐ yǒu èrshízhǒng zuòwéi tú'àn yìnzài tèzhǒng yóupiàoshang.

各 种 名画，例如已故 画家 徐 悲鸿的 奔 马和
Gè zhǒng mínghuà, lìrú yǐgù huàjiā Xú Bēihóngde bēn mǎ hé

当代 杰出 画家吴 作人的 熊猫， 也 是 特种
dāngdài jiéchū huàjiā Wú Zuòrénde xióngmāo, yě shì tèzhǒng

邮票的 题材。
yóupiàode tícái.

世界 闻名 的 国画 和宝贵的 书法艺术， 都 给
Shìjiè wénmíng de guóhuà hé bǎoguìde shūfǎ yìshù, dōu gěi

中国 邮票的 图案 增添了 光彩。 邮票的 边饰
Zhōngguó yóupiàode tú'àn zēngtiānle guāngcǎi. Yóupiàode biānshì

31

也 能　衬托 图案的 主题，　例如　敦煌　壁画 特种
yě néng chèntuō tú'ànde zhǔtí,　lìrú Dūnhuáng bìhuà tèzhǒng

邮票的　边饰，采用了　唐代　典型的　装饰 图案，
yóupiàode biānshì, cǎiyòngle Tángdài diǎnxíngde zhuāngshì tú'àn,

具有　强烈的　民族色彩。
jùyǒu qiángliède mínzú sècái.

中国　邮票 以其 鲜明的　中国 特色和 丰富
Zhōngguó yóupiào yi qí xiānmíngde Zhōngguó tèsè hé fēngfù

多 采 的题材赢得了国 内 外集邮者的喜爱。
duō cǎi de tícái yíngdéle guó nèi wài jíyóuzhěde xǐ'ài.

集邮	jíyóu	stamp collecting; philately
集邮者	jiyóuzhě	stamp-collector; philatelist
话	huà	words; message; talk
套	tào	m.w. set
邮票	yóupiào	stamp
清朝	Qīngcháo	Qing dynasty (1644-1911)
发行	fāxíng	issue; put on sale; distribute
面值	miànzhí	face value; denomination; nominal value
分别	fēnbié	respectively; separately
为	wéi	be; mean; to be equivalent to
分	fēn	0.5 gram
银	yín	silver
正中间	zhèngzhōngjiān	middle; centre
条	tiáo	m.w. for dragon, snake, fish, river, stream etc.
龙	lóng	dragon
总共	zǒnggòng	in all; altogether

共产党	Gòngchǎndǎng	Communist Party
早	zǎo	early
农村	nóngcūn	village; rural
根据地	gēnjùdì	base area
…之一	… zhī yī	one of
湘赣边区	Xiāng Gàn Biānqū	Hunan-Jiangxi Border Region
正中	zhèngzhōng	middle; centre
画	huà	draw
角	jiǎo	angle; corner; horn
星	xīng	star
铁	tiě	iron
锤	chuí	hammer
镰刀	liándāo	sickle
象征	xiàngzhēng	symbolize; symbol
工农	gōng nóng	worker and peasant
革命	gémìng	revolution
解放区	jiěfàngqū	liberated area
政权	zhèngquán	regime; political power
国庆节	guóqìngjié	national day
其中	qízhōng	among which; in which
纪念	jìniàn	commemorate; mark; souvenir
特种	tèzhǒng	special kind
数	shù	number
占	zhàn	occupy; constitute; make up; account for
初期	chūqī	early period
出	chū	put up; issue; turn out
航空	hángkōng	aviation
欠资邮票	qiànzī yóupiào	postage-due stamp
年代	niándài	years; a decade of a century
五十年代	wǔshí niándài	the fifties

中期	zhōngqī	the middle period; mid-
停止	tíngzhǐ	stop; cease; call off
注意到	zhùyìdào	have noticed
字	zì	character
汉语拼音	Hànyǔ pīnyīn	Chinese Phonetic (Alphabet)
后面	hòumian	back; behind; rear
编号	biānhào	serial number
数号	shùhào	numeral indicating the number of (stamps in the given set)
表示	biǎoshì	show; indicate; express
枚	méi	*m.w. for stamp, coin, etc.*
标志	biāozhì	sign; mark
印	yìn	print
右	yòu	right
侧	cè	side; flank
重大	zhòngdà	significant; major
事件	shìjiàn	event; incident
重要	zhòngyào	important
纪念日	jìniànrì	anniversary
内容	nèiróng	content
例如	lìrú	for instance; for example
民主	mínzhǔ	democracy
先驱	xiānqū	pioneer
孙中山	Sūn Zhōngshān	Sun Yat-sen
文学家	wénxuéjiā	writer; man of letters
思想家	sīxiǎngjiā	thinker
革命家	gémìngjiā	revolutionary
鲁迅	Lǔ Xùn	Lu Xun
明朝	Míngcháo	Ming dynasty (1368-1644)
药物学家	yàowùxuéjiā	pharmacologist
李时珍	Lǐ Shízhēn	Li Shizhen
题材	tícái	subject matter; theme

34

社会主义	shèhuìzhǔyì	socialism
建设	jiànshè	construct; construction
成就	chéngjiù	achivement
模范	mófàn	model; fine example
人物	rénwù	figure; personage
文化	wénhuà	culture
生活	shēnghuó	life
发明	fāmíng	invention
艺术	yìshù	art
动物	dòngwù	animal
植物	zhíwù	plant
等等	děngděng	and so on
生长	shēngzhǎng	grow
蝴蝶	húdié	butterfly
图案	tú'àn	design
名（画）	míng (huà)	famous (painting)
已故	yǐgù	late; deceased
画家	huàjiā	painter
徐悲鸿	Xú Bēihóng	Xu Beihong, a famous painter
奔	bēn	run; galloping
马	mǎ	horse
当代	dāngdài	contemporary
杰出	jiéchū	outstanding
吴作人	Wú Zuòrén	Wu Zuoren, a famous painter
熊猫	xióngmāo	panda
闻名	wénmíng	renowned; well-known
国画	guóhuà	traditional Chinese painting
宝贵	bǎoguì	valuable
书法	shūfǎ	calligraphy
增添	zēngtiān	add; increase
光彩	guāngcǎi	lustre, brilliance
边饰	biānshì	border decoration

衬托	chèntuō	set off; serve as a foil to
主题	zhǔtí	motif; theme
敦煌	Dūnhuáng	in Gansu province, famous for its caves with ancient statues, frescoes and murals
壁画	bìhuà	mural; fresco
唐代	Tángdài	Tang dynasty (618-907)
典型	diǎnxíng	typical
装饰	zhuāngshì	decoration
具有	jùyǒu	possess; have
强烈	qiángliè	strong
民族	mínzú	nation; national
色彩	sècǎi	colour
鲜明	xiānmíng	bright; distinctive
特色	tèsè	distinguishing feature; characteristic
丰富多采	fēngfù duō cǎi	rich and colourful
赢得	yíngdé	win
喜爱	xǐ'ài	love; like

Message from a Stamp-Collector

The first set of Chinese stamps was issued by the imperial government of the Qing dynasty in 1878. The denominations of the three stamps in this set were 0.5 gm., 1.5 gm. and 2.5 gm. of silver respectively. A dragon was printed in the centre. From that year until 1949, 108 different stamps comprising 80 sets were issued in China.

In 1929, the Hunan-Jiangxi Border Region, one of the earliest rural bases led by the Communist Party, issued a set of stamps, each with a star and a hammer and sickle in the centre, symbolizing the leading role of the Party and the worker-peasant revolution. Up to 1949 over one thousand stamps were issued by people's governments in liberated areas.

In the thirty years from China's National Day (October 1) in 1949 to that in 1979, China has put out 1,606 stamps in 386 sets. Commemoratives and special issues account for over 90 percent of these. Airmail and postage-due stamps, though issued for a short time after liberation, ceased to be issued in the mid-50s.

Philatelists may have noticed the letter "J" on commemorative stamps. This represents the Chinese pinyin "Jinian" (Commemorative). The "T" on special issue stamps represents "Tezhong" (Special). These letters are followed by three figures: the serial number of the set, the number of stamps in it and the number of the stamp itself. The year of issue is printed on the right.

Commemorative stamps are issued to mark significant political events and important anniversaries. They were issued, for instance, in memory of Sun Yat-sen, pioneer of China's democratic revolution and Lu Hsun, writer, thinker and revolutionary. Commemoratives also honoured, for example, Li Shizhen, noted pharmacologist of the Ming dynasty.

Special stamps are issued on a wide range of subjects. They include achievements in socialist revolution and construction, outstanding figures, cultural life, major inventions, ancient arts, China's animals and plants, etc. Of the 1,300 kinds of butterflies in China, twenty are already pic-

tured on special stamps.   Famous paintings, such as, "Galloping Horses" by the late Xu Beihong and "Pandas" by outstanding contemporary artist Wu Zuoren have also been depicted on special issue stamps.

World famous Chinese traditional paintings and precious calligraphy both add brilliance to Chinese stamp designs while decorative borders also help bring out the theme of a stamp.   For instance, the "Dunhuang Murals" stamps carried border decorations using art motifs typical of the Tang dynasty, giving the stamps a strong national flavour.

Distinctive Chinese characteristics and a rich variety of subject matter have made Chinese stamps popular with stamp collectors at home and abroad.

4

在 一架 民航 班机上
Zài Yījià CAAC Bānjīshang

一九七七年 五月 二十一日下午, 中国 民 航
Yījiǔqīqī nián Wǔyuè èrshí yī rì xiàwǔ, Zhōngguó Mín Háng

(CAAC) 从 桂林 飞往 北京 的一四零 航班 客机飞
(CAAC) cóng Guìlín fēiwǎng Běijīng de yī sì líng hángbān kèjī fēi

近 武汉 上空。 武汉 是 长江 中游的 一个
jìn Wǔhàn shàngkōng. Wǔhàn shì Chángjiāng zhōngyóude yīge

城市。 乘客中 有一位 著名的 新加坡牙科 医生
chéngshì. Chéngkèzhōng yǒu yīwèi zhùmíngde Xīnjiāpō yákē yīshēng

周 大夫。
Zhōu dàifu.

周 大夫这些 天一直 感觉 不太 舒服。 当 班机
Zhōu dàifu zhèixiē tiān yīzhí gǎnjué bú tài shūfu. Dāng bānjī

正 要 飞越 武汉 上空 时, 周 大夫突然 大口吐
zhèng yào fēiyuè Wǔhàn shàngkōng shí, Zhōu dàifu tūrán dàkǒu tù

血, 晕倒在 盥洗室的 门 旁。 检机长 和 女乘务员
xiě, yūndǎozài guànxǐshìde mén páng. Jiǎnjīzhǎng hé nǚchéngwùyuán

赶紧 把他 扶到 前舱, 让 他 躺下。 这时 周 大夫
gǎnjǐn bǎ tā fúdào qiáncāng, ràng tā tǎngxia. Zhèshí Zhōu dàifu

脸色 苍白, 不断 出 虚汗。
liǎnsè cāngbái, búduàn chū xūhàn.

机舱 扩音器里 传出 女乘务员的 英语 呼话：
Jīcāng kuòyīnqìli chuánchū nǚchéngwùyuánde Yīngyǔ hūhuà:

"同志们， 朋友们，一位 新加坡 朋友 现在 病得
"Tóngzhìmen, péngyoumen, yīwèi Xīnjiāpō péngyou xiànzài bìngde

很 厉害。你们 中间 哪位 是 医生， 请 到 前舱
hěn lìhai. Nǐmen zhōngjiān něiwèi shì yīshēng, qǐng dào qiáncāng

来一下。"
lái yīxià."

一位墨西哥大夫立即向 前舱 跑去。他的 诊断
Yīwèi Mòxīgē dàifu lìjí xiàng qiáncāng pǎo qù. Tāde zhěnduàn

是：病情 危急，需要 立刻 输 血 抢救。
shì: bìngqíng wēijí, xūyào lìkè shū xuè qiǎngjiù.

检机长 顾不得擦去 胳膊 和 手上的 血，快步
Jiǎnjīzhǎng gùbude cāqù gēbo hé shǒushangde xiě, kuàibù

走进 驾驶舱，提议 转弯 在 武汉的一个离 医院 较
zǒujìn jiàshǐcāng, tíyì zhuǎnwān zài Wǔhànde yīge lí yīyuàn jiào

近 的 机场 降落，因为 要 到 下一个 停机站—河南
jìn de jīchǎng jiàngluò, yīnwèi yào dào xià yīge tíngjīzhàn — Hénán

郑州， 至少 还 得 飞 一个 小时。机组 人员 都
Zhèngzhōu, zhìshǎo hái děi fēi yīge xiǎoshí. Jīzǔ rényuán dōu

赞成 他的 建议，报务员 马上 向 武汉 民 航
zànchéng tāde jiànyì, bàowùyuán mǎshàng xiàng Wǔhàn Mín Háng

机场 报告 乘客 病情， 并 请 他们 通知 那个
jīchǎng bàogào chéngkè bìngqíng, bìng qǐng tāmen tōngzhī nèige

选定 的 机场。半分 钟 以后， 武汉 民 航 机场
xuǎndìng de jīchǎng. Bàn fēn zhōng yǐhòu, Wǔhàn Mín Háng jīchǎng

指示：同意。
zhǐshì: Tóngyì.

40

他们 要 降落 的 这个 机场， 当天的 导航 等
Tāmen yào jiàngluò de zhèige jīchǎng, dàngtiānde dǎoháng děng

任务 都 已经 完成， 除了 值班 人员 以外， 其他 工作
rènwù dōu yǐjīng wánchéng, chúle zhíbān rényuán yǐwài, qítā gōngzuò

人员 已 离开 机场。 但是， 在 接到 通知 之后 三
rényuán yǐ líkāi jīchǎng. Dànshi, zài jiēdào tōngzhī zhīhòu sān

分 钟， 各种 人员 都 回到 岗位， 并 开始 同
fēn zhōng, gèzhǒng rényuán dōu huídào gǎngwèi, bìng kāishǐ tóng

班机 通 话。
bānjī tōng huà.

机长 老 高 过去 没有 在 这个 机场 降落过。
Jīzhǎng Lǎo Gāo guòqù méiyou zài zhèige jīchǎng jiàngluòguo.

他 在 领航员、机械师熟练的 配合下，使飞机平稳地
Tā zài lǐnghángyuán, jīxièshī shúliànde pèihé xià, shǐ fēijī píngwěnde

从 六 千 米 高空 急速 下降。
cóng liù qiān mǐ gāokōng jísù xiàjiàng.

飞机一着陆，救护车、担架和医务 人员 都 已在
Fēijī yī zháolù, jiùhùchē, dānjià hé yīwù rényuán dōu yǐ zài

机下 等候。 这时 离 周 大夫发 病 还 不 到 二十 分
jīxià děnghòu. Zhèshí lí Zhōu dàifu fā bìng hái bú dào èrshí fēn

钟。
zhōng.

周 大夫患 的 是 十二指肠 球部 溃疡 穿 孔，
Zhōu dàifu huàn de shì shí'èrzhicháng qiúbù kuìyáng chuān kǒng,

医院及时给他进行了 手术 抢救。 不 到 一个月，他就
yīyuàn jíshí gěi tā jìnxíngle shǒushù qiǎngjiù. Bú dào yīge yuè, tā jiù

痊愈 出 院 了。
quányù chū yuàn le.

班机	bānjī	airliner
下午	xiàwǔ	afternoon
民航	mínháng	civil aviation
桂林	Guìlín	Guilin city
往	wǎng	to; toward
客机	kèjī	passenger plane
近	jìn	near
上空	shàngkōng	overhead; in the sky
乘客	chéngkè	passenger
新加坡	Xīnjiāpō	Singapore
牙医	yáyī	dentist
牙科	yákē	dentistry
医生	yīshēng	doctor; medical person
大夫	dàifu	doctor (colloq.)
感觉	gǎnjué	feel
不太	bú tài	not so; not very
舒服	shūfu	well; comfortable
当…时	dāng...shí	when; at the moment when
正	zhèng	precisely; just; exactly
飞越	fēiyuè	fly over; cross
突然	tūrán	suddenly
口	kǒu	mouth; mouthful
吐	tù	vomit
血	xiě	blood
晕倒	yūndǎo	faint; fall in a faint
盥洗室	guànxǐshì	washroom; toilet
检机长	jiǎnjīzhǎng	check-pilot
乘务员	chéngwùyuán	steward; attendant
女乘务员	nǚchéngwùyuán	stewardess
赶紧	gǎnjǐn	hasten; lose no time
扶	fú	support with one's hand
前舱	qiáncāng	forward cabin

躺下	tǎngxia	lie down
这时	zhèshí	at this time
脸色	liǎnsè	complexion; look
苍白	cāngbái	pale
不断	búduàn	unceasingly; continuous
出虚汗	chū xūhàn	break into a cold sweat
机舱	jīcāng	cabin; passenger compartment
扩音器	kuòyīnqì	megaphone; public address system
呼话	hūhuà	call
同志	tóngzhì	comrade
病	bìng	sick; ill
厉害	lìhai	serious
墨西哥	Mòxīgē	Mexico
立即	lìjí	immediately
诊断	zhěnduàn	diagnose
病情	bìngqíng	state of an illness
危急	wēijí	critical; in imminent danger
立刻	lìkè	immediately; at once
输血	shū xuè	blood transfusion
抢救	qiǎngjiù	give emergency treatment; rescue
顾不得	gùbude	not give a thought to; give no consideration to
擦	cā	wipe
胳膊	gēbo	arm
手	shǒu	hand
快步	kuàibù	walk quickly or hurriedly
驾驶舱	jiàshǐcāng	flight deck; control cabin; cockpit
提议	tíyì	suggest; propose
转弯	zhuǎnwān	make a turn
医院	yīyuàn	hospital
较	jiào	comparatively
降落	jiàngluò	land; descend; landing

下（一个）	xià (yīge)	the next (one)
停机站	tíngjīzhàn	stop; parking
河南	Hénán	Henan province
郑州	Zhèngzhōu	Zhengzhou city
至少	zhìshǎo	at least
机组人员	jīzǔ rényuán	crew members
赞成	zànchéng	agree with; approve
建议	jiànyì	proposal; suggestion
报务员	bàowùyuán	radio operator
马上	mǎshàng	at once
报告	bàogào	report; make known
通知	tōngzhī	notify; inform
选	xuǎn	choose; select
…以后	… yǐhòu	after
指示	zhǐshì	instruct; instructions
同意	tóngyì	agree
当天	dàngtiān	the same day
导航	dǎoháng	navigation
…等	… děng	and so forth; etc.
任务	rènwù	task; duty
完成	wánchéng	fulfil; accomplish
值班人员	zhíbān rényuán	person on duty
其他	qítā	other
工作人员	gōngzuò rényuán	staff member; working personnel
离开	líkāi	leave
接到	jiēdào	receive
…之后	… zhīhòu	after
岗位	gǎngwèi	post
同	tóng	with
通话	tōng huà	communicate by telephone or walkie-talkie, etc.
机长	jīzhǎng	crew commander

老（高）	Lǎo (Gāo)	Old (Gao)
过去	guòqù	in the past
在…下	zài . . .xià	under
领航员	lǐnghángyuán	navigator
机械师	jīxièshī	machinist; (flight) engineer
熟练	shúliàn	skilled; practised
配合	pèihé	coordination
平稳	píngwěn	smooth
米	mi	metre
高空	gāokōng	high altitude
急速	jísù	rapidly; at high speed
着陆	zháolù	land; touch ground
救护车	jiùhùchē	ambulance
担架	dānjià	stretcher
医务人员	yīwù rényuán	medical workers
等候	děnghòu	wait
发病	fā bìng	(of a disease) come on
患	huàn	suffer from; contract
十二指肠	shí'èrzhǐcháng	duodenum
溃疡	kuìyáng	ulcer
穿孔	chuān kǒng	perforate; perforation
及时	jíshí	promptly; in time; without delay
手术	shǒushù	(surgical) operation
痊愈	quányù	be fully recovered
出院	chū yuàn	be discharged from hospital

On a CAAC Flight

On the afternoon of May 21, 1977, Civil Aviation Administration of China (CAAC) Flight 140 from Guilin to Peking (Beijing) was nearing Wuhan, a city on the central Yangtze River (Changjiang). Among the passengers was a leading Singapore dentist Dr. Zhou.

Dr. Zhou had not been feeling well for days. The plane was just crossing Wuhan when Dr. Zhou suddenly vomited blood and fainted outside the washroom. The check-pilot and a stewardess quickly carried the patient to the forward cabin where he could lie down. Dr. Zhou was pale and in a cold sweat.

Over the public address system a stewardess announced in English:

"Comrades, friends, a Singapore friend is seriously ill. If anyone among you is a doctor, please come to the forward cabin."

A Mexican doctor immediately made his way to the forward cabin. He diagnosed the case as critical and said the sick man was in need of an immediate blood transfusion.

The check-pilot, without stopping to wipe the blood from his arms and hands, hurried to the flight deck and suggested turning around and landing in Wuhan at an airport which was near a hospital, because it would take at least another hour to reach Zhengzhou on the Yellow River, where the plane was due to land. The other members of the crew agreed to his proposal, and the radio operator contacted the CAAC airport in Wuhan reporting the sick case and asking it to inform the chosen airport. Half a minute later they received permission from Wuhan CAAC airport.

At the airport where they wanted to land, navigational and other duties had already been completed for the day so except for a skeleton staff the ground crew had all left the airport. But on being notified, they were back at their posts within three minutes and were soon in contact with the plane.

Old Gao, the pilot, had never landed in this airport before, but thanks

to the expert coordination of the navigator and flight engineer, Gao executed the sharp descent from six thousand metres smoothly.

When the plane touched ground an ambulance was already on hand and doctors were waiting with a stretcher. It was less than twenty minutes since Dr. Zhou had lost consciousness.

Dr. Zhou was found to have a perforated duodenal ulcer and underwent surgery immediately. In less than a month he was discharged from hospital.

5

决　口
Jué　　Kǒu

黄河　是　中国的　第二大河，　全长　五　千　四
Huánghé shì Zhōngguóde dì'èr dà hé, quáncháng wǔ qiān sì

百　六十八　公里，　由　青海　省　向　东　流入渤海。
bǎi liùshí bā gōnglǐ, yóu Qīnghǎi shěng xiàng dōng liúrù Bóhǎi.

黄河　每　年　从　上游、　中游　流域　带走十六亿
Huánghé měi nián cóng shàngyóu, zhōngyóu liúyù dàizǒu shíliù yì

吨　泥沙，　是　世界上　含沙量　最多的一条河。泥沙
dūn níshā,　shì shìjièshang hánshāliàng zuì duō de yītiáo hé.　Níshā

淤积使下游的　河床　不断　升高，　造成　严重的
yūjī　shǐ xiàyóude héchuáng búduàn shēnggāo, zàochéng yánzhòngde

洪水　灾害。
hóngshuǐ zāihài.

据历史记载，中华　人民　共和国　成立　以前的
Jù lìshǐ jìzǎi, Zhōnghuá Rénmín Gònghéguó chénglì yǐqián de

两　千六百年间，黄河　平均　每三　年　有　两次
liǎng qiān liù bǎi nián jiān, Huánghé píngjūn měi sān nián yǒu liǎngcì

决口，每百　年　有一次　重大　改道。仅一九三三　年
juékǒu, měi bǎi nián yǒu yīcì zhòngdà gǎidào.　Jǐn yījiǔsānsān nián

一　年　中间，　黄河　就有　五处　决口，受　灾　人口
yī nián zhōngjiān, Huánghé jiù yǒu wǔchù jué kǒu, shòu zāi rénkǒu

48

达 三 百 六十 万 人。 侥幸 生存 下来的 灾民
dá sān bǎi liùshí wàn rén. Jiǎoxìng shēngcún xiàláide zāimín

往往 是 全 家 老小 流落 他乡，行乞渡日。有的
wǎngwǎng shì quán jiā lǎoxiǎo liùluò tāxiāng, xíngqǐ dùrì. Yǒude

为了 填饱 肚子 甚至 卖 儿 鬻女， 凄凉 状况
wèile tiánbǎo dùzi shènzhì mài ér yù nǚ, qīliáng zhuàngkuàng

惨不忍睹。
cǎnbùrěndǔ.

灾害 形成 的 主要 原因 是 水土 流失。黄河
Zāihài xíngchéng de zhǔyào yuányīn shì shuǐtǔ liúshī. Huánghé

上游 和 中游 流域 有一个世界 最 大的 黄土 高原
shàngyóu hé zhōngyóu liúyù yǒu yīge shìjiè zuì dàde huángtǔ gāoyuán

（五十 八 万 平方 公里），一下 暴雨，水土 流失 就
(wǔshí bā wàn píngfāng gōnglǐ), yī xià bàoyǔ, shuǐtǔ liúshī jiù

非常 严重。
fēicháng yánzhòng.

一九五二 年，人民 政府 号召 抓紧 治理 黄河
Yījiǔwǔ'èr nián, Rénmín Zhèngfǔ hàozhào zhuājǐn zhìlǐ Huánghé

的 工作。国家的 综合 治理 规划 取得了 巨大的 成就。
de gōngzuò. Guójiāde zōnghé zhìlǐ guīhuà qǔdéle jùdàde chéngjiù.

一九四九 年 以来，黄河 没有 发生过 一次 决口。
Yījiǔsìjiǔ nián yǐlái, Huánghé méiyou fāshēngguò yīcì juékǒu.

决口	jué kǒu	(of a dyke, etc.) be breached; burst
黄河	Huánghé	Yellow River
河	hé	river
全长	quáncháng	total length
由	yóu	from

青海省	Qīnghǎi shěng	Qinghai province
流	liú	flow
入	rù	enter
渤海	Bóhǎi	Bohai Sea
每	měi	every; each; per
上游	shàngyóu	upper reaches
流域	liúyù	river valley or basin
带走	dàizǒu	carry away
亿	yì	100 million
吨	dūn	ton
泥沙	níshā	silt
含	hán	contain
沙	shā	sand
量	liàng	capacity; quantity; volume; amount
淤积	yūjī	silt up; deposit
下游	xiàyóu	lower reaches
河床	héchuáng	riverbed
升高	shēnggāo	raise; rise
造成	zàochéng	cause; create; bring about
严重	yánzhòng	serious
洪水	hóngshuǐ	flood
灾害	zāihài	disaster; calamity
据	jù	according to
记载	jìzǎi	record; account; put down in writing
中华人民共和国	Zhōnghuá Rénmín Gònghéguó	People's Republic of China
…以前	… yǐqián	before
…间	… jiān	in; at; within a definite time
改道	gǎidào	(of a river) change its course
仅	jǐn	only; merely
处	chù	m.w. for place; spot, etc.

受灾	shòu zāi	be hit by calamity
侥幸	jiǎoxìng	by luck, by a fluke
灾民	zāimín	victims of a natural calamity
往往	wǎngwǎng	often, frequently
流落	liúluò	to wander about destitute
他乡	tāxiāng	a place far away from home
行乞	xíngqǐ	to beg
渡日	dùrì	to make a living
填饱	tiánbǎo	to fill (stomach)
肚子	dùzi	stomach
甚至	shènzhì	to go as far as to; even
鬻	yù	to sell
凄凉	qīliáng	wretched, miserable
惨不忍睹	cǎnbùrěndǔ	cannot bear to see
形成	xíngchéng	form; take shape
主要	zhǔyào	main; major
水土	shuǐtǔ	water and soil
流失	liúshī	erosion
黄土	huángtǔ	loess
高原	gāoyuán	highland; plateau
平方公里	píngfāng gōnglǐ	square kilometre
一⋯就⋯	yī...jiù...	no sooner ... than ... ; as soon as; the moment ... ; once ...
暴雨	bàoyǔ	rainstorm; torrential rain
非常	fēicháng	very; extremely
号召	hàozhào	call; appeal
抓紧	zhuājǐn	grasp firmly; pay close attention to
治理	zhìlǐ	harness; bring under control
国家	guójiā	state; country
综合	zōnghé	overall; unified; comprehensive
规划	guīhuà	plan
取得	qǔdé	obtain; acquire

…以来	…yǐlái	since
发生	fāshēng	occur; happen

Dyke Breaches

The Yellow River (Huanghe) is the second largest river in China, flowing eastward for 5,468 kilometres from Qinghai province to the Bohai Sea. Every year it carries 1,600 million tons of silt from its upper and middle reaches. It has a higher silt content than any other river in the world. In the past deposits of silt steadily raised the riverbed in the lower reaches and caused serious floods — 2,600 years of historical records show an average of two dyke breaches on the Yellow River every three years and a major change in the river's course every 100 years before the founding of the People's Republic in 1949. In 1933 alone, the river broke its dykes in five places and brought disaster to 3,600,000 people. Many of the victims of the disaster who were lucky enough to escape with their lives took their families and wandered far from home, relying on begging for a living. Some of them were even forced to sell their children in order to fill their stomachs. The wretched sight was unbearable to see.

The main cause of these disasters was serious soil erosion in the upper and middle reaches of the river where the world's largest loess highland (580,000 square kilometres) loses huge quantities of soil in heavy rains.

In 1952 the People's Government called for intensive work on the Yellow River and great achievements have been made under an overall plan to harness and transform the river. The river has not breached its dykes once since 1949.

6

漫游 泰山（一）
Mànyóu Tàishān　(Yī)

泰山 是 中国的 名山 之一，以优美 壮丽的
Tàishān shì Zhōngguóde míngshān zhī yī, yǐ yōuměi zhuànglìde

自然景色和丰富 珍贵的 文物古迹 著称。历代 帝王
zìrán jǐngsè hé fēngfù zhēnguìde wénwù gǔjì zhùchēng. Lìdài dìwáng

把它视为 神明，纷纷 前往 朝拜祈福。文人 学士
bǎ tā shìwéi shénmíng, fēnfēn qiánwǎng cháobài qífú. Wénrén xuéshì

为 它讴歌，留下了 许多 诗作 和题字。
wèi tā ōugē, liúxiàle xǔduō shīzuò hé tízì.

泰山 位于 山东 省 中部，地处 华北 平原，
Tàishān wèiyú Shāndōng shěng zhōngbù, dìchǔ Huáběi píngyuán,

一 千 五 百 多 米 高 的 主峰 矗立在 泰安 境内，
yī qiān wǔ bǎi duō mǐ gāo de zhǔfēng chùlìzài Tài'ān jìngnèi,

支脉 延伸到 周围 诸 县，总 面积 为 四百 二十
zhīmài yánshēndào zhōuwéi zhū xiàn, zǒng miànjī wéi sì bǎi èrshí

六 平方 公里。因 邻近地势低 平，山脚下的 土地
liù píngfāng gōnglǐ. Yīn línjìn dìshì dī píng, shānjiǎoxiàde tǔdì

海拔 一般 只 有 二十五米，相衬 之 下，泰山 就
hǎibá yībān zhǐ yǒu èrshí wǔ mǐ, xiāngchèn zhī xià, Tàishān jiù

显得 高 不 可 攀。
xiǎnde gāo bù kě pān.

有 人 认为 泰山 至少 已有二十亿年的历史了。
Yǒu rén rènwéi Tàishān zhìshǎo yǐ yǒu èrshí yì niánde lìshǐ le.

地壳 在 发展 过程 中，不 知 经历了 多少次 翻
Dìqiào zài fāzhǎn guòchéng zhōng, bù zhī jīnglìle duōshaocì fān

天 覆地的 变化，而 泰山 却 巍然屹立，变化 极小。
tiān fù dì de biànhuà, ér Tàishān què wēirán yìlì, biànhuà jí xiǎo.

泰山 每年 都要吸引 成 千 成 万的游客
Tàishān měi nián dōu yào xīyǐn chéng qiān chéng wàn de yóukè

来这里 参观 游览，尤其是 春天 和秋天，上 山
lái zhèli cānguān yóulǎn, yóuqí shì chūntiān hé qiūtiān, shàng shān

的 游人 成 群结队，络绎不绝。
de yóurén chéng qún jié duì, luòyì bù jué.

登 山 之 行 始于 岱宗坊，这座 大 门 耸立在
Dēng shān zhī xíng shǐyú Dàizōngfāng, zhèizuò dà mén sǒnglìzài

泰山的 南麓。向 前 走一公里许，有 座 古 庙
Tàishānde nán lù. Xiàng qián zǒu yī gōnglǐ xǔ, yǒu zuò gǔ miào

叫 王母 池，一千六百多 年 以前 有关 泰山
jiào Wángmǔ Chí, yī qiān liù bǎi duō nián yǐqián yǒuguān Tàishān

的文字 记载中 就已有它的记述，这是古时 帝王 登
de wénzì jìzǎizhōng jiù yǐ yǒu tāde jìshù, zhè shì gǔshí dìwáng dēng

山 时的休息处所。古 庙 内 景物 清幽，并 有
shān shíde xiūxi chùsuǒ. Gǔ miào nèi jǐngwù qīngyōu, bìng yǒu

山泉 两处，王母 池即以 清淳、香甜的 泉水
shānquán liǎngchù, Wángmǔ Chí jí yǐ qīngchún, xiāngtiánde quánshuǐ

驰名。
chímíng.

走到 半 山腰，级级盘道 将 游客 领到 斗母
Zǒudào bàn shānyāo, jíjí pándào jiāng yóukè lǐngdào Dòumǔ

宫。 这座 彩檐 朱壁的楼阁，把 巍巍 泰山 点缀得
Gōng. Zhèizuò cǎi yán zhū bì de lóugé, bǎ wēiwēi Tàishān diǎnzhuìde

别具 情趣。走进 东 屋，可以 听到 山 风 呼啸，夹以
bié jù qíngqù. Zǒujìn dōng wū, kěyǐ tīngdào shān fēng hūxiào, jiāyǐ

溪流 淙淙，好一个大自然的 音乐厅 哪！
xīliú cóngcóng, hǎoyīge dà zìránde yīnyuètīng na!

泰山的 瀑布 中 要 数 黑龙潭 瀑布 最为
Tàishānde pùbù zhōng yào shǔ Hēilóngtán pùbù zuìwéi

壮观。 远远 望去，桥下 飘起一幅白纱；走
zhuàngguān. Yuǎnyuǎn wàng qu, qiáoxià piāoqǐ yīfú bái shā; zǒu

近去看，却 又 活象 一匹 穿 山 跳 洞的白马，
jìn qu kàn, què yòu huóxiàng yīpǐ chuān shān tiào jiàn de bái mǎ,

正 在 纵身 奔向 下面那一池深 水。过 柏洞
zhèng zài zòngshēn bēnxiàng xiàmian nà yīchí shēn shuǐ. Guò Bǎidòng

是 一段 极为 有趣的 旅程。 数 百 年的 古 柏 耸立
shì yīduàn jíwéi yǒuqùde lǚchéng. Shù bǎi niánde gǔ bǎi sǒnglì

道路 两旁，枝叶 相连，遮住烈日，夏天 时候 游人
dàolù liǎngpáng, zhī yè xiānglián, zhēzhù lièrì, xiàtiān shíhou yóurén

一 走进 这条 绿色的隧道，立即 会 感到 凉爽
yī zǒujìn zhèitiáo lǜsède suìdào, lìjí huì gǎndào liángshuǎng

清新。
qīngxīn.

登 山 路上 的 最后 一道 石坊， 南天门，是
Dēng shān lùshang de zuìhòu yīdào shífāng, Nántiānmén, shì

通 泰山 顶部 的 入口。这里的主要 建筑 碧霞祠，
tōng Tàishān dǐngbù de rùkǒu. Zhèlǐde zhǔyào jiànzhù Bìxiácí,

是 一座金碧 辉煌 的 宫殿，它的屋瓦是 用 铜 铁
shì yīzuò jīn bì huīhuáng de gōngdiàn, tāde wū wǎ shì yòng tóng tiě

铸造 的。出 碧霞祠 不 远 就 到了 泰山 绝顶——
zhùzào de. Chū Bìxiácí bù yuǎn jiù dàole Tàishān juédǐng —

玉皇顶。 从 这里 看 津浦 铁路上 奔驰 的 火车，
Yùhuángdǐng. Cóng zhèli kàn Jīn-Pǔ tiělùshang bēnchí de huǒchē,

就 象 一条 小小的 蚯蚓 在 沙盘上 慢慢 爬动
jiù xiàng yītiáo xiǎoxiǎode qiūyǐn zài shāpánshang mànmār pádòng

一样。
yīyàng.

整个 旅行的 最 高潮 是 在 山顶 看日出。 天
Zhěnggè lǚxíngde zuì gāocháo shì zài shāndǐng kàn rìchū. Tiān

亮 之前， 在 山顶 旅馆 过夜的游客 纷纷 起 床，
liàng zhī qián, zài shāndǐng lǚguǎn guò yè de yóukè fēnfēn qǐ chuáng,

一齐 涌向 著名的 日观峰。 山风 呼 啸， 云雾
yīqí yǒngxiàng zhùmíngde Rìguānfēng. Shān fēng hūxiào, yúnwù

弥漫， 东方 地平线上 射出 淡淡的一丝 光线，
mímàn, dōngfāng dìpíngxiànshang shèchū dàndànde yīsī guāngxiàn,

又 渐渐 变 红， —— 粉红 而 浅红， 浅红 而
yòu jiànjiàn biàn hóng, — fěnhóng ér qiǎnhóng, qiǎnhóng ér

深红 而 橙红， 太阳 露出 半个 脸 来， 突然间 它
shēnhóng ér chénghóng, tàiyang lùchū bànge liǎn lái, tūránjiān tā

用 一种 神奇的 力量 挣脱 云盘的 束缚， 象 一个
yòng yīzhǒng shénqíde lìliang zhēngtuō yúnpánde shùfù, xiàng yīge

巨大的火 球 从 海洋中 升起。
jùdàde huǒ qiú cóng hǎiyángzhōng shēngqǐ.

漫游	mànyóu	roam; wander; go on a pleasure trip
泰山	Tàishān	Mount Tai, in Shandong province
以…著称	yǐ ... zhùchēng	be celebrated for

优美	yōuměi	fine; graceful
壮丽	zhuànglì	magnificent; majestic
自然	zìrán	nature
景色	jǐngsè	scenery; view; landscape
珍贵	zhēnguì	precious; valuable
文物	wénwù	relics
古迹	gǔjì	historic site
历代	lìdài	past dynasties
帝王	dìwáng	emperor; monarch
把…视为…	bǎ…shìwéi…	regard as; look upon sb. or sth. as
神明	shénmíng	gods; deities; divinities; fetish
纷纷	fēnfēn	one after another; in succession
前往	qiánwǎng	go to; proceed to
朝拜	cháobài	pay religious homage to
祈福	qífú	pray for a good fortune
文人	wénrén	man of letters; scholar
学士	xuéshì	scholar; man of learning
它	tā	it
讴歌	ōugē	sing the praises of; celebrate in song
留下	liúxià	leave
许多	xǔduō	many
诗作	shīzuò	poem
题字	tízì	inscription; autograph
山东省	Shāndōng shěng	Shandong province
中部	zhōngbù	central part
华北	Huáběi	north China
平原	píngyuán	plain
主峰	zhǔfēng	peak
矗立	chùlì	tower over; stand tall and upright
泰安	Tài'ān	Tai'an county
境内	jìngnèi	within the boundaries of
支脉	zhīmài	branch range

58

延伸	yánshēn	stretch; spread
周围	zhōuwéi	surrounding; neighbouring; around
诸	zhū	several; various
县	xiàn	county
总	zǒng	total; general
面积	miànjī	area
邻近	línjìn	neighbouring; nearby
地势	dìshì	terrain; physical features of a place
平	píng	flat
山脚	shānjiǎo	the foot of a hill or mountain
海拔	hǎibá	height above sea level
一般	yībān	generally; ordinarily
相衬	xiāngchèn	set off; serve as a foil to
显得	xiǎnde	appear; seem
攀	pān	climb
地壳	dìqiào	the earth's crust
过程	guòchéng	course; process
翻天覆地	fān tiān fù dì	earth-shaking
变化	biànhuà	change
却	què	but; yet
巍然屹立	wēirán yìlì	stand lofty and firm
极	jí	extremely
吸引	xīyǐn	attract
成千成万	chéng qiān chéng wàn	thousands; tens of thousands
游客	yóukè	sightseer; tourist; visitor
游览	yóulǎn	tour; go sight-seeing
春天	chūntiān	spring
秋天	qiūtiān	autumn
成群结队	chéng qún jié duì	in crowds
络绎不绝	luòyì bù jué	in an endless stream
登	dēng	ascend; mount

行	xíng	trip; journey
始于	shǐyú	begin at; start from
耸立	sǒnglì	tower aloft
南麓	nán lù	southern foot of a mountain
许	xǔ	about; around
庙	miào	temple
池	chí	pool
有关	yǒuguān	relating; concerning
文字	wénzì	written language; written; recorded
记述	jìshù	record and narrate
处所	chùsuǒ	place
内	nèi	in; inside
景物	jǐngwù	scenery
清幽	qīngyōu	secluded and quiet
并	bìng	and; besides
山泉	shānquán	mountain spring
即	jí	to be; namely
以…驰名	yǐ … chímíng	to be known for
清淳	qīngchún	clear; pure
香	xiāng	fragrant; aromatic; scented
甜	tián	sweet
泉水	quánshuǐ	spring water
半山腰	bàn shānyāo	half way up the mountain
级	jí	step; stage
盘道	pándào	winding mountain paths
领	lǐng	lead; usher
彩	cǎi	colour; coloured
檐	yán	eaves
朱	zhū	red; sth. in red (e.g. lipstick)
壁	bì	wall; sth. resembling a wall
楼阁	lóugé	a two- or multi-storeyed pavilion
巍巍	wēiwēi	towering; lofty

60

点缀	diǎnzhuì	embellish; adorn; ornament
别具情趣	bié jù qíngqù	have a distinctive flavour; with unique charm
屋	wū	room
呼啸	hūxiào	whistle; scream
夹以	jiāyǐ	accompanied by; mix; mingle
溪流	xīliú	brook; rivulet
淙淙	cóngcóng	gurgling
好一个	hǎoyīge	What a ...!
音乐厅	yīnyuètīng	concert hall
瀑布	pùbù	waterfall
数	shǔ	be reckoned as (the most)
潭	tán	pond; deep pool
壮观	zhuàngguān	magnificent sight
望	wàng	gaze into the distance
桥	qiáo	bridge
飘	piāo	flutter; wave; float
白	bái	white
纱	shā	gauze; yarn
活象	huóxiàng	be an exact replica of; look exactly like
匹	pǐ	*m.w. for horse*
穿	chuān	cross; pass through; penetrate
跳	tiào	leap; jump
涧	jiàn	ravine; gully
纵身	zòngshēn	jump; leap
深	shēn	deep
柏	bǎi	cypress
洞	dòng	archway; tunnel; cave; hole
段	duàn	section; segment
极为	jíwéi	extremely; very
有趣	yǒuqù	interesting

旅程	lǚchéng	route; journey; itinerary
数（百）	shù (bǎi)	several (hundred)
道路	dàolù	road; path; way
枝	zhī	branch; twig
叶	yè	leaf
相连	xiānglián	link; join; merge
遮住	zhēzhù	cover; hide from view
烈日	lièrì	scorching sun
绿色	lǜsè	green colour; green
隧道	suìdào	tunnel
感到	gǎndào	feel
凉爽	liángshuǎng	pleasantly cool
清新	qīngxīn	fresh; fresh and cool
道	dào	*m.w. for doors, gateway, archway, etc.*
石坊	shífāng	stone archway
顶部	dǐngbù	top; peak; summit
入口	rùkǒu	entrance
建筑	jiànzhù	building; structure; architecture
金碧辉煌	jīn bì huīhuáng	(of a building) looking splendid in green and gold
宫殿	gōngdiàn	palace
瓦	wǎ	tile
铸造	zhùzào	casting; founding
绝顶	juédǐng	extreme top
津浦铁路	Jīn-Pǔ tiělù	Tianjin-Pukou Railway
奔驰	bēnchí	speed; run quickly
蚯蚓	qiūyǐn	earthworm
沙盘	shāpán	a plate of sand; sand table
爬动	pádòng	crawl; creep
整个	zhěnggè	whole; entire
高潮	gāocháo	climax

62

山顶	shāndǐng	mountain top; summit
日出	rìchū	sunrise
天亮	tiānliàng	daybreak
…之前	… zhī qián	before
旅馆	lǚguǎn	hotel
过夜	guò yè	stay overnight
起床	qǐ chuáng	get out of bed
一齐	yīqí	at the same time; simultaneously
涌	yǒng	surge; gush; well up
弥漫	mímàn	fill the air; spread all over the place
东方	dōngfāng	east
地平线	dìpíngxiàn	horizon
射	shè	send out (light); shoot
淡	dàn	light; pale; thin
丝	sī	trace; a threadlike thing
光线	guāngxiàn	ray; light
变	biàn	turn (into); change
红	hóng	red
粉红	fěnhóng	pink
浅	qiǎn	(of colour) light
深	shēn	(of colour) dark; deep
橙	chéng	orange; orange colour
露	lù	reveal; show
脸	liǎn	face
突然间	tūránjiān	all of a sudden
神奇	shénqí	magical; miraculous
力量	lìliang	force
挣脱	zhēngtuō	shake off
盘	pán	plate
束缚	shùfù	yoke; tie
火球	huǒ qiú	fiery ball; ball of fire
升起	shēngqǐ	rise

A Trip to Mt. Tai (1)

Mount Tai, one of the most famous mountains in China, is noted for its natural beauty and rich historic monuments. Throughout the centuries emperors considered the mountain to be sacred and journeyed here to worship and pray to heaven. Scholars left poems and inscriptions praising its magnificent scenery.

Rising abruptly out of the north China plain in central Shandong province, Mt. Tai's 1,500-metre peak is in Tai'an county. The mountain chain spreads over several neighbouring counties, covering an area of 426 square kilometres. The flat plain around it, only twenty five metres above sea level, sets off the mountain's height, making it seem so lofty as to be unclimbable.

Some people hold the view that the history of Mt. Tai began at least two thousand million years ago. Through all the subsequent changes in the earth's crust Mt. Tai has stood, little changed.

Mt. Tai attracts thousands of visitors every year, particularly in spring and autumn when an endless stream of people flock to Mt. Tai and fill the mountain paths.

The journey to the summit begins at the southern foot of the mountain at the Daizong Archway. A little over one kilometre up the trail stands an ancient temple called Wangmu Chi — Celestial Pool of the Queen of the Immortals, which was mentioned in records of Mt. Tai 1,600 years ago. The temple was a resting place for the emperors on their way up the mountain. Secluded and quiet, it is known for the clear, sweet water of its two springs.

Halfway to the summit, winding stone steps lead the visitors to Doumu Gong. The majestic palace building with coloured eaves and vermilion walls adds to the unique charm of this magnificent mountain. In the eastern hall one can hear the whispering of the wind and murmur of streams. It is indeed one of Nature's excellent concert halls!

Of all Mt. Tai's waterfalls the one at the Black Dragon Pool is the most spectacular. In the distance it looks like a white sheet of silk

floating under a bridge. But close up it resembles a white horse leaping through mountain gullies and plunging into the deep pool below.

A particularly attractive part of the journey is the Baidong — Cypress Tunnel — formed by great centuries-old cypresses. Their branches and foliage intertwine to screen out the scorching sun. Entering this green tunnel in the summertime, the traveller immediately feels cool and refreshed.

The last stone archway, the South Gate to Heaven, is the entrance to the summit. The main building is the gorgeous Bixia Ci (Azure Cloud Temple), a splendid palace roofed with bronze and iron tiles. Not far from the Bixia Ci is the extreme summit of Mt. Tai, Yuhuang Ding — Emperor of Heaven Temple. A passing train on the Tianjin-Pukou Railway below looks like a tiny earthworm moving slowly across a plate of sand.

The climax of the whole journey is to watch the sunrise from the summit. Before daybreak people staying in the summit hotel get up and rush to the famous Sun Watching Peak — Riguanfeng. Amidst the sighing of the mountain wind and the sea of misty clouds that fill the air, a glimmer begins to appear on the eastern horizon. Gradually it turns from pink to red to golden orange. Having unveiled half her face, the sun suddenly, with miraculous strength, shakes off the bondage of the enormous place of clouds, and like a great fiery ball rises from the sea.

7

漫游　泰山（二）

Mànyóu Tàishān　(Er)

泰山　位于　黄河　下游，属于　中国　古代　文化
Tàishān wèiyú Huánghé xiàyóu, shǔyú Zhōngguó gǔdài wénhuà

最发达的地区。这里　保存　的　大量　文物古迹，几乎
zuì fādáde dìqū.　Zhèlǐ bǎocún de dàliàng wénwù gǔjì,　jīhū

代表了　历史上的　每个　阶段，给人　一种　强烈的历史
dàibiǎole lìshishangde měige jiēduàn,　gěi rén yìzhǒng qiángliède lìshǐ

连续感。最为　著名的　古　文物　有　岱庙，经石峪
liánxùgǎn. Zuìwéi zhùmíngde gǔ wénwù yǒu Dàimiào, Jīngshíyù

和　唐朝　石碑　等。　泰山　脚下的　岱庙，是一处
hé Tángcháo shíbēi děng. Tàishān jiǎoxiàde Dàimiào, shì yīchù

比较　完整的　古　建筑群，保存着　大量历史文物。
bǐjiào wánzhěngde gǔ jiànzhùqún, bǎocúnzhe dàliàng lìshǐ wénwù.

岱庙　始建于　汉代，唐　宋　时扩建，面积达九
Dàimiào shǐjiànyú Hàndài, Táng Sòng shí kuòjiàn, miànjī dá jiǔ

万六千　平方米。主殿　天祝殿　建于一〇〇九
wàn liù qiān píngfāng mǐ. Zhǔdiàn Tiānzhùdiàn jiànyú yīlínglíngjiǔ

年，　全长　四十八米，宽二十米左右，全部是木
nián, quáncháng sìshí bā mí, kuān èrshí mǐ zuǒyòu, quánbù shì mù

结构建筑。重檐彩绘，黄瓦红墙，十分
jiégòu jiànzhù. Chóng yán cǎi huì, huáng wǎ hóng qiáng, shífēn

壮观。 它 和 北京 紫禁城内的 太和殿，曲阜 孔
zhuàngguān. Tā hé Běijīng Zǐjìnchéngnèide Tàihédiàn, Qūfù Kǒng

庙中的 大成殿 合 称 中国 三 大 宫殿式
Miàozhōngde Dàchéngdiàn hé chēng Zhōngguó sān dà gōngdiànshì

建筑。
jiànzhù.

经石峪，顾 名 思 义，贵 在 经石。一块 三 千
Jīngshíyù, gù míng sī yì, guì zài jīngshí. yīkuài sān qiān

平方 米的巨石， 刻着 佛教 《金刚经》 的 经文，
píngfāng mǐde jù shí, kèzhe Fójiào "Jīngāng Jīng" de jīngwén,

每个 字 有 五十 公分 见方， 经过 一 千 多 年的
měige zì yǒu wǔshí gōngfēn jiànfāng, jīngguò yī qiān duō niánde

风雨 剥蚀， 至今 尚 存一 千 零四十三字，这一 千
fēngyǔ bōshí, zhìjīn shàng cún yī qiān líng sìshí sān zì, zhè yī qiān

多字， 出 自古代大书法家之 手， 字字朴实 无 华，
duō zì, chū zì gǔdài dà shūfǎjiā zhī shǒu, zìzì pǔshí wú huá,

刚劲 有力， 是 泰山 重要的 文化 遗产。
gāngjìn yǒulì, shì Tàishān zhòngyàode wénhuà yíchǎn.

泰山 顶上， 在 一壁 陡峭的 山崖上， 刻着
Tàishān dǐngshàng, zài yībì dǒuqiàode shānyáshàng, kèzhe

一篇一 千 多字的碑文，这是 唐朝 皇帝 玄宗
yīpiān yī qiān duō zìde bēiwén, zhè shì Tángcháo huángdì Xuánzōng

朝 山 时 所 写 的。石碑 有 三层 楼房 那么 高，
cháo shān shí suǒ xiě de. Shíbēi yǒu sāncéng lóufáng nàme gāo,

气势磅礴，令人 赞叹不已。值得 称道 的不仅是那
qìshì pángbó, lìng rén zàntàn bùyǐ. Zhídé chēngdào de bùjǐn shì nà

高超的 书法艺术， 还有 那 卓绝的 石刻技术。
gāochāode shūfǎ yìshù, hái yǒu nà zhuōjuéde shíkè jìshù.

属于	shǔyú	belong to
发达	fādá	developed; flourishing
保存	bǎocún	preserve; keep
大量	dàliàng	a large number of; large quantity
阶段	jiēduàn	stage; phase
连续感	liánxùgǎn	sense of continuity
石碑	shíbēi	stone tablet; stele
完整	wánzhěng	complete; intact
群	qún	group
始建	shǐjiàn	begin to build
宋	Sòng	Song dynasty (960-1279)
扩建	kuòjiàn	extend (a building, factory, etc.)
平方米	píngfāng mǐ	square metre
主殿	zhǔdiàn	main hall
宽	kuān	wide
全部	quánbù	all; total; completely
结构	jiégòu	structure; construction
重檐	chóng yán	double-eaved
彩绘	cǎi huì	(coloured) painting
黄	huáng	yellow
十分	shífēn	very; fully
紫禁城	Zǐjìnchéng	Forbidden City
曲阜	Qūfù	Qufu county
孔庙	Kǒng Miào	Confucian Temple
合	hé	jointly; together; in all
式	shì	style
顾名思义	gù míng sī yì	just as its name implies; as the term suggests
贵在	guì zài	to be valued for; the important thing is
巨石	jù shí	huge rock
刻	kè	carve
佛教	Fójiào	Buddhism

金刚经	Jīngāng Jīng	Diamond Sutra
经文	jīngwén	text of a scripture
公分	gōngfēn	centimetre
见方	jiànfāng	square
剥蚀	bōshí	corrode; denude
至今	zhìjīn	till now; to this day; so far
尚	shàng	yet; still
存	cún	keep; store; survive
自	zì	from
朴实无华	pǔshí wú huá	simple and unadorned
刚劲	gāngjìn	bold; vigorous; sturdy
有力	yǒulì	energetic; powerful; strong
遗产	yíchǎn	heritage; inheritance; legacy
陡峭	dǒuqiào	precipitous
山崖	shānyá	cliff; precipice
碑文	bēiwén	inscription on a tablet
皇帝	huángdì	emperor
玄宗	Xuánzōng	Xuanzong, emperor of the Tang dynasty
朝山	cháo shān	make a pilgrimage to a temple (on a famous mountain)
楼房	lóufáng	a building (of two or more storeys)
气势磅礴	qìshì pángbó	powerful; of great momentum
令人	lìng rén	make one; make people
赞叹	zàntàn	highly praise; gasp in admiration
不已	bùyǐ	again and again; incessantly
值得	zhíde	worth
称道	chēngdào	commend; speak approvingly of
不仅	bùjǐn	not only
高超	gāochāo	superb; excellent
卓绝	zhuōjué	unsurpassed
石刻	shíkè	stone inscription

A Trip to Mt. Tai (2)

Mt. Tai, located on the lower reaches of the Yellow River, stands in the region of China that had the most highly developed civilization in ancient times. A large number of monuments kept here, representing nearly every period of Chinese history, give a strong sense of the continuity of Chinese culture. The most celebrated of these include Tai Temple — Daimiao, Sutra Stone Valley and a huge rock bearing inscriptions of the Tang dynasty.

Daimiao, at the foot of the mountain, consists of a relatively complete group of ancient buildings containing many historical relics. Built in the Han dynasty, it was greatly expanded in the Tang and Song dynasties to cover an area of 96,000 square metres. The main hall, Tianzhu Dian — Hall of Heavenly Blessings — was constructed in A.D. 1009. It is a double-eaved painted wooden structure 48 metres long and 20 metres wide with yellow tiles and red walls — a truly magnificent sight. Tianzhu Dian is one of China's three great ancient palace-style buildings (the others are the Hall of Supreme Harmony in Peking's Forbidden City and the Confucian Temple in Qufu county, Shandong province).

Sutra Stone Valley, as the term suggests, is valued for its rock face carved with Sutra inscriptions. The 3,000 square metre solid rock is inscribed with the text of the Buddhist Diamond Sutra cut in square characters 50 centimetres high. Over a thousand years of weathering has left only 1,043 characters on the stone. Simple, unadorned, yet bold and vigorous, these characters from the hand of an ancient calligrapher are an important part of Mt. Tai's cultural heritage.

On a steep cliff near the summit is an essay of one thousand characters written by Emperor Xuanzong of the Tang dynasty on his visit to Mt. Tai. Standing as high as a three storey building, the engraved cliff is so imposing and impressive that visitors cannot but sigh in admiration of both the excellent calligraphy and the superb engraving skill.

8

从 琵琶鬼 到 摩雅傣
Cóng Pípa Gui Dào Móyǎ Dǎi

我 这里要 讲 的是 云南 省 西双版纳 一带的
Wǒ zhèli yào jiǎng de shì Yúnnán shěng Xīshuāngbǎnnà yīdàide

事，但不是 讲 西双版纳 闻名 世界的自然景色
shì, dàn bú shì jiǎng Xīshuāngbǎnnà wénmíng shìjiè de zìrán jǐngsè

或者 动物、植物，我 要 讲 的是 关于 摩雅（即
huòzhě dòngwù, zhíwù, wǒ yào jiǎng de shì guānyú móyǎ (jí

"医生"）的故事。
"yīshēng") de gùshi.

我 认识一个姓 刀 的傣族 女大夫， 她今年 快
Wǒ rènshi yīge xìng Dāo de Dǎizú nǚ dàifu, tā jīnnián kuài

四十岁了，是 西双版纳 傣族 自治州 州 医院的
sìshí suì le, shì Xīshuāngbǎnnà Dǎizú Zìzhìzhōu zhōu yīyuànde

一位大夫。她医术 高明，和傣家 病人 语言 相通，
yīwèi dàifu. Tā yīshù gāomíng, hé Dǎijiā bìngrén yǔyán xiāngtōng,

待人 亲切，是医院里最 受 欢迎 的大夫之一。
dài rén qīnqiè, shì yīyuànli zuì shòu huānyíng de dàifu zhī yī.

刀 大夫一九六四年 开始 在 州 医院 工作 的
Dāo dàifu yījiǔliùsì nián kāishǐ zài zhōu yīyuàn gōngzuò de

时候，才二十二岁。她的母亲 正 是在 同样 年纪
shíhou, cái èrshí'èr suì. Tāde mǔqin zhèng shì zài tóngyàng niánji

被 当做 "琵琶鬼" 赶出 村寨 的。那 时候， 西双版纳
bèi dàngzuò "Pípa guǐ" gǎnchū cūnzhài de. Nà shíhou, Xīshuāngbǎnnà

一带 流行疟疾，当地 仅 有 的几个私人 诊所 只是 为
yīdài liúxíng nüèji, dāngdì jǐn yǒu de jǐge sīrén zhěnsuǒ zhǐ shì wèi

土司头人和 国民党的 官吏们 服务的，老百姓 根本
tǔsī tóurén hé Guómíndǎngde guānlìmen fúwù de, lǎobǎixìng gēnběn

无力求医，得了病 只好 听 天 由 命，要不 就 是
wú lì qiú yī, déle bìng zhǐhǎo tīng tiān yóu mìng, yàobù jiù shi

去 找 巫师。文化 落后，迷信 猖獗，一些人 相信
qù zhǎo wūshī. Wénhuà luòhòu, míxìn chāngjué, yīxiē rén xiāngxìn

发疟疾是 因为 "琵琶鬼" 作 怪，找 巫师来 是 为了
fā nüèji shì yīnwèi "Pípa guǐ" zuò guài, zhǎo wūshī lái shì wèile

"送 鬼"。 土司头人 本来 就 是 有 钱 有 势 的 大
"sòng guǐ". Tǔsī tóurén běnlái jiù shì yǒu qián yǒu shì de dà

地主，他们 利用 这种 迷信，把 敢于 反抗 他们
dìzhǔ, tāmen lìyòng zhèizhǒng míxìn, bǎ gǎnyú fǎnkàng tāmen

残暴 统治 的 人 诬蔑为 "琵琶鬼"， 说 这些 人 会
cánbào tǒngzhì de rén wūmièwéi "Pípa guǐ", shuō zhèixiē rén huì

夺 你的 魂，咬 你的 心，给 村寨 带来 灾难。谁 被
duó nǐde hún, yǎo nǐde xīn, gěi cūnzhài dàilái zāinàn. Shéi bèi

扣上 这种 帽子，谁 就 被 他们 没收 财产，
kòushang zhèizhǒng màozi, shéi jiù bèi tāmen mòshōu cáichǎn,

烧掉 房屋，赶出 寨子，甚至 被 活活 烧死。刀
shāodiào fángwū, gǎnchū zhàizi, shènzhì bèi huóhuó shāosǐ. Dāo

大夫的 母亲 就 是 因为 不 肯 给 头人 当 小老婆，
dàifude mǔqin jiù shì yīnwèi bù kěn gěi tóurén dāng xiǎolǎopo,

得罪了头人。 头人 宣布 她是 "琵琶鬼"， 连夜 把她
dézuìle tóurén. Tóurén xuānbù tā shì "Pípa guǐ", liányè bǎ tā

赶出 寨子。
gǎnchū zhàizi.

刀 大夫的母亲 被 赶出 寨子以后，到哪里都 没
Dāo dàifude mǔqin bèi gǎnchū zhàizi yǐhòu, dào nǎli dōu méi

有 人 敢 收留 她。她 跋 山 涉 水，最后 同 另一个
yǒu rén gǎn shōuliú tā. Tā bá shān shè shuǐ, zuìhòu tóng lìng yīge

无 家 可 归 的 "琵琶鬼" 结了 婚。 他们 俩 度过了 十四
wú jiā kě guī de "Pípa guǐ" jiéle hūn. Tāmen liǎ dùguòle shísì

年 颠沛 流离 的 辛酸 生活，才 在 一个 "琵琶鬼寨"
nián diānpèi liúlí de xīnsuān shēnghuó, cái zài yīge "Pípa guǐ zhài"

里定居下来。 她 生过 七个孩子，四个让 疾病夺去了
li dìngjū xiàlai. Tā shēngguò qīge háizi, sìge ràng jíbìng duóqùle

生命。 活 下来 的 三个 中间的 一个 却 勇敢地
shēngmìng. Huó xiàlai de sānge zhōngjiānde yīge què yǒnggǎnde

同 疾病 展开了 斗争，那 就 是 我 认识 的 刀 大夫。
tóng jíbìng zhǎnkāile dòuzhēng, nà jiù shì wǒ rènshi de Dāo dàifu.

西双版纳 解放 以后，人民 政府 伸张 正气，
Xīshuāngbǎnnà jiěfàng yǐhòu, rénmín zhèngfǔ shēnzhāng zhèngqì,

刀 大夫的母亲 从 "鬼" 变成了 人。医疗队 进了
Dāo dàifude mǔqin cóng "guǐ" biànchéngle rén. Yīliáoduì jìnle

寨子，学校 也建立 起来了。 刀 大夫 成了 她家第一代
zhàizi, xuéxiào yě jiànlì qǐláile. Dāo dàifu chéngle tā jiā dìyī dài

受 教育 的 人。
shòu jiàoyù de rén.

一九五六年，刀 大夫被 选 去思茅 地区 卫生
Yījiǔwǔliù nián, Dāo dàifu bèi xuǎn qù Sīmáo Dìqū Wèishēng

73

人员　　训练班　学习，半年之后　到一个　卫生所
rényuán Xùnliànbān xuéxí, bàn nián zhī hòu dào yīge wèishēngsuǒ

工作。一九六〇年，她又到云南省会昆明的
gōngzuò. Yījiǔliùlíng nián, tā yòu dào Yúnnán shěnghuì Kūnmíngde

卫生　学校继续学医。四年后她毕业了，又回到
wèishēng xuéxiào jìxù xué yī. Sì nián hòu tā bì yè le, yòu huídào

西双版纳　成了　一名　大夫。一九七三年，她被送到
Xīshuāngbǎnnà chéngle yīmíng dàifu. Yījiǔqīsān nián, tā bèi sòngdào

北京　中国　医学科学院　附属　医院进修了一年。
Běijīng Zhōngguó Yīxué Kēxuéyuàn fùshǔ yīyuàn jìnxiūle yī nián.

在云南少数民族地区，真不知有多少个
Zài Yúnnán shǎoshù mínzú dìqū, zhēn bù zhī yǒu duōshaoge

同　刀　大夫的经历相似的妇女。电影艺术家把
tóng Dāo dàifude jīnglì xiāngsì de fùnǚ. Diànyǐng yìshùjiā bǎ

她们的故事集中起来，拍了一部《摩雅傣》。这部
tāmende gùshi jízhōng qǐlai, pāile yībù "Móyǎ Dǎi". Zhèibù

影片　真实感人。虽说是故事片，但集中反映了
yǐngpiàn zhēnshí gǎnrén, suīshuō shì gùshipiān, dàn jízhōng fányìngle

西双版纳　一带人民生活的巨大变化。通过
Xīshuāngbǎnnà yīdài rénmín shēnghuóde jùdà biànhuà. Tōngguò

许许多多　象　刀　大夫那样的摩雅傣的艰苦努力
xǔxǔduōduō xiàng Dāo dàifu nàyàngde Móyǎ Dǎi de jiānkǔ nǔlì

和　中央　经常派来的医疗队的辛勤工作，这一带
hé Zhōngyāng jīngcháng pàilai de yīliáoduìde xīnqín gōngzuò, zhèiyīdài

医疗卫生事业有了很大的发展。
yīliáo wèishēng shìyè yǒule hěn dàde fāzhǎn.

"琵琶鬼" 一去不复返了。如果你对 "琵琶鬼" 这
"Pípa guǐ" yī qù bú fù fǎn le. Rúguǒ nǐ duì "Pípa guǐ" zhè

一不可思议的怪 现象 还有兴趣作些研究的话，
yī bù kě sīyì de guài xiànxiàng hái yǒu xìngqu zuò xiē yánjiū de huà,

你大概只能 到世界各国的 人种学家的 著作中
nǐ dàgài zhǐ néng dào shìjiè gè guóde rénzhǒngxuéjiāde zhùzuòzhōng

去 寻找 参考 资料了。
qù xúnzhǎo cānkǎo zīliào le.

琵琶鬼	Pípa guǐ	"Pipa devil"; delirium devil
琵琶	pípa	*pipa*, a plucked string instrument
鬼	guǐ	devil; ghost
摩雅	móyǎ	*in Dai language*: doctor
傣	Dǎi	Dai nationality (living in Yunnan)
云南省	Yúnnán shěng	Yunnan province
西双版纳	Xīshuāngbǎnnà	Xishuangbanna Dai Autonomous Prefecture, famous for its natural zoo and rich plants
一带	yīdài	area; zone
故事	gùshi	story
认识	rènshi	know; recognize
姓	xìng	surname
刀	Dāo	*a surname*
族	zú	nationality
自治州	zìzhìzhōu	autonomous prefecture
医术	yīshù	medical skill
高明	gāomíng	qualified; wise; brilliant
语言	yǔyán	language; speech
相通	xiāngtōng	communicate (with)
待	dài	deal with; treat

亲切	qīnqiè	kind; cordial
欢迎	huānyíng	welcome
才	cái	only
母亲	mǔqin	mother
同样	tóngyàng	same
年纪	niánjì	age
当做	dàngzuò	treat as; look upon as
赶	gǎn	drive
村寨	cūnzhài	(stockaded) village
流行	liúxíng	prevalent; spread; epidemic
疟疾	nüèji	malaria
当地	dāngdì	this place; local
仅有	jǐn yǒu	only; sole
私人	sīrén	private
诊所	zhěnsuǒ	clinic
土司	tǔsī	(hereditary) tribal chieftain
头人	tóurén	headman
国民党	Guómíndǎng	Kuomintang (Party)
官吏	guānlì	official
服务	fúwù	serve; service
老百姓	lǎobǎixìng	common people
根本	gēnběn	(*followed by a negative expression*) at all; simply
无力	wú lì	cannot afford; have no ability or capability
求医	qiú yī	seek a doctor's help; send for a doctor
只好	zhíhǎo	have to; be forced to; cannot but
听天由命	tīng tiān yóu mìng	submit to the will of Heaven; trust to luck
要不	yàobù	or else; or; otherwise
巫师	wūshī	wizard; witch doctor

76

落后	luòhòu	backward
迷信	míxìn	superstition
猖獗	chāngjué	be rampant; run wild
相信	xiāngxìn	believe
发（疟疾）	fā (nüèji)	have an attack of (malaria); suffer from (malaria fever)
作怪	zuò guài	do mischief; make trouble
送	sòng	see sb. out; see sb. off
本来	běnlái	original; originally
有钱有势	yǒu qián yǒu shì	rich and influential
地主	dìzhǔ	landlord
利用	lìyòng	make use of; utilize
敢于	gǎnyú	dare to
反抗	fǎnkàng	resist; revolt
残暴	cánbào	ruthless; brutal
统治	tǒngzhì	rule; domination
诬蔑	wūmiè	slander
夺	duó	seize; take by force
魂	hún	soul
咬	yǎo	bite
心	xīn	heart
灾难	zāinàn	disaster
谁…谁…	shéi …shéi …	whoever; anyone who
扣帽子	kòu màozi	put a label on (sb.)
没收	mòshōu	confiscate; expropriate
财产	cáichǎn	property
烧掉	shāodiào	burn up
房屋	fángwū	house
活活	huóhuó	alive
肯	kěn	be willing to; agree
当	dāng	to be; serve as
小老婆	xiǎolǎopo	concubine

得罪	dézuì	offend; displease
寨子	zhàizi	stockaded village
收留	shōuliú	take sb. in
跋山涉水	bá shān shè shuǐ	travel across mountains and rivers
无家可归	wú jiā kě guī	be homeless
俩	liǎ	two
度过	dùguò	spend; pass
颠沛流离	diānpèi liúlí	homeless and miserable
辛酸	xīnsuān	bitter
定居下来	dìngjū xiàlai	settle down
生	shēng	give birth to; bear; to be born
疾病	jíbìng	disease
生命	shēngmìng	life
活	huó	live; alive
勇敢	yǒnggǎn	brave
展开	zhǎnkāi	launch; carry out; unfold
伸张正气	shēnzhāng zhèngqì	uphold justice
医疗队	yīliáoduì	medical team
建立起来	jiànlì qǐlái	establish; set up
代	dài	generation
教育	jiàoyù	education
卫生	wèishēng	sanitation; hygiene
训练班	xùnliànbān	training course
卫生所	wèishēngsuǒ	hospital
名	míng	*m.w. for doctor, technician, etc.*
医学	yīxué	medical; medical science
科学院	kēxuéyuàn	academy of sciences
附属	fùshǔ	attached to; subsidiary
进修	jìnxiū	engage in advanced studies
少数民族	shǎoshù mínzú	national minority
真	zhēn	indeed
相似	xiāngsì	be similar; be alike

妇女	fùnǚ	woman
艺术家	yìshùjiā	artist; man of art
集中	jízhōng	concentrate; put together
拍电影	pāi diànyǐng	make a film
部	bù	*m.w. for film, work of literature, etc.*
影片	yǐngpiàn	film; movie
真实	zhēnshí	true; real
感人	gǎnrén	touching; moving
虽说	suíshuō	though
故事片	gùshìpiān	feature film
反映	fǎnyìng	reflect
许许多多	xǔxǔduōduō	many; a lot of; a great number of
艰苦	jiānkǔ	hard; arduous; difficult
努力	nǔlì	effort
经常	jīngcháng	frequently; often
辛勤	xīnqín	industrious; hardworking; assiduously
事业	shìyè	undertakings; facilities; enterprise
一去不复返	yī qù bú fù fǎn	gone never to return; gone for ever
不可思议	bù kě sī yì	incredible; inconceivable
怪	guài	strange
现象	xiànxiàng	phenomenon
兴趣	xìngqu	interest
…的话	…de huà	if; in case
人种学家	rénzhǒngxuéjiā	ethnologist
著作	zhùzuò	work; writings
参考	cānkǎo	reference
资料	zīliào	data; material

From "Pipa Devils" to Doctors

What I'm going to tell you here is something about Xishuang-banna in Yunnan province. I'm not going to tell you how beautiful its landscape is or how interesting the wild animals and plants in Xishuang-banna are, though they are well-known throughout the world. I'm going to tell you something about the *moya*, or the doctors.

I know a doctor of the Dai nationality surnamed Dao, almost forty years old this year. She is one of the most sought-after doctors in the Dai Autonomous Prefecture Hospital for her warmth, her high level of medical skill, and because she can talk freely to her patients in her native Dai language.

Dr. Dao began her work in this hospital in 1964 when she was only 22. When her mother was the same age she was driven from her native village as a "*pipa devil*". At that time, this region was ravaged by malaria, but there were only a few private clinics which served the tribal chieftains, village headmen and Kuomintang officials. The common people simply could not afford treatment. When they fell ill, they either submitted to the will of Heaven or sought the help of the witch doctors. Victims of backward civilization and superstition, some of the people believed that malaria was caused by delirium devils or *pipa devils*, and the witch doctors were brought in to drive them out. This superstition was made use of by the chieftains and headmen, the influential and powerful landlords of the villages. Anyone who dared go against their cruel rule was declared a devil, a carrier of disease who took away people's souls, bit their hearts and brought disaster to his or her village. Anyone so branded would have his belongings seized and his house burned. The "devil" would be driven from the village, or even burned at the stake. Dr. Dao's mother was branded a *pipa devil* simply because she refused to become the concu-bine of one of the headmen and was driven from the village the same night.

After she was driven from her village nobody dared let her stay with them. She wandered about the mountains and finally married another wandering "devil", a man who had also been expelled from his native

village. Only after fourteen years of vagrant life did they settle down in a "devils' village" composed entirely of people who had been driven out of their native villages as "*pipa* devils". She bore seven children. Disease took four of them, but one of the three left started a heroic battle against disease. It was one of the daughters, Dr. Dao, whom I had come to know.

After Xishuangbanna was liberated Dr. Dao's mother changed from the so-called *pipa devil* back into a human being. Medical teams came to her village, and schools were set up. Dr. Dao became the first in her family to receive an education.

In 1956 she was chosen to take a medical training course at Simao. After six months she began to work in a hospital. In 1960 she continued her studies at a medical school in Kunming, the provincial capital of Yunnan. After graduation four years later she went back to Xishuangbanna to become a doctor. In 1973 she was sent to Peking for another full year of study in the hospital of the Chinese Academy of Medical Science.

No one knows how many women there are in the regions of national minorities in Yunnan whose life experience has been similar to that of Dr. Dao. Cinematographers summed up the stories of these women and made a film entitled *Moya Dai — The Dai Doctor*. Although this is not a true story, it reflects a summation of the great changes that have taken place in the lives of the people of the Xishuangbanna districts.

The medical and health work in this area is making great progress. We should attribute the success to the hard work of the medical teams sent here frequently by the central medical organizations as well as to the great efforts of those *moya* like Dr. Dao.

The *pipa devils* have gone for ever. If you are still interested in doing research work on this strange and incredible phenomenon, you may be obliged to search for your materials among the works of ethnologists in various parts of the world.

9

一个繁荣的集市
Yīge Fánróngde Jíshì

广州　春来早。北方　隆冬　未尽，广州
Guǎngzhōu chūn lái zǎo.　Běifāng lóngdōng wèi jìn, Guǎngzhōu

却已草木　葱茏，百花　竞　放了。春节　前夕
què yǐ cǎo mù cōnglóng, bǎi huā jìng fàng le.　Chūnjié qiánxī

传统的　花市为这个　南方　城市　增添异彩。这
chuántǒngde huā shì wèi zhèige nánfāng chéngshì zēngtiān yìcǎi.　Zhè

时候的　广州　显得更加　热闹，更有生气。一位
shíhoude Guǎngzhōu xiǎnde gèngjiā rènao, gèng yǒu shēngqì.　Yīwèi

友人对我说："一见花市，我们　广州人　才
yǒurén duì wǒ shuō: "Yī jiàn huā shì, wǒmen Guǎngzhōurén cái

感到　春天　确实到了。"
gǎndào chūntiān quèshí dàole."

花市一般从　早晨　开到半夜十二点，除夕
Huā shì yìbān cóng zǎochén kāidào bànyè shí'èr diǎn, chúxī

则要到凌晨　两点才散。花市上　整天　人
zé yào dào língchén liǎng diǎn cái sàn.　Huā shìshang zhěngtiān rén

来人往，川流不息。出入花市的，绝大多数是
lái rén wǎng, chuān liú bù xī.　Chū rù huā shì de, jué dàduōshù shì

广州　和附近各县的人，也有来自外省市的人，
Guǎngzhōu hé fùjìn gè xiànde rén, yě yǒu lái zì wài shěng shìde rén,

还有 不少 是 从　香港　澳门 和世界各地来的
hái yǒu bù shǎo shì cóng Xiānggǎng Aomén hé shìjiè gè dì lái de

朋友。
péngyou.

花　市上　乐声　洋溢，芳香　扑鼻；花　架上
Huā shìshang yuèshēng yángyì, fāngxiāng pū bí; huā jiàshang

千　红 万紫，美 不 胜　收。　黄昏　来临，华灯
qiān hóng wàn zǐ, měi bú shèng shōu. Huánghūn láilín, huádēng

齐放，男女老幼，摩肩 接　踵，熙熙攘攘，真 是
qí fàng, nán nǔ lǎo yòu, mó jiān jiē zhǒng, xīxīrǎngrǎng, zhēn shì

一片人 潮花 海。难怪 一位老 华侨　用　这样的
yīpiàn rén cháo huā hǎi. Nánguài yīwèi lǎo Huáqiáo yòng zhèiyàngde

诗句来 赞叹　广州　花市：
shījù lái zàntàn Guǎngzhōu huā shì:

东　风　吹暖 花 千 树，
Dōng fēng chuīnuǎn huā qiān shù,

紫绿 橙　红；
zǐ lǜ chéng hóng;

燕 语 莺 啼，
yàn yǔ yīng tí,

喜人 寿 年 丰，
xǐ rén shòu nián fēng,

岁月　峥嵘。
suìyuè zhēngróng.

高 歌一曲 情 难 尽，
Gāo gē yīqǔ qíng nán jìn,

大 治 年，能 不 颂？
dà zhì nián, néng bú sòng?

花 市 早先 是个 卖 花 的 集市。据 地方志 和 一些
Huā shì zǎoxiān shì ge mài huā de jíshì. Jù dìfāngzhì hé yīxiē

游记 记述，明朝 时 就 有 花农 来 广州 城里 卖
yóujì jìshù, Míngcháo shí jiù yǒu huānóng lái Guǎngzhōu chénglǐ mài

花。他们 清晨 把 时花 运到 市内 贩售，地点 就 是
huā. Tāmen qīngchén bǎ shíhuā yùndào shìnèi fànshòu, dìdiǎn jiù shì

现在的 海珠 广场 附近，有时 甚至 通 宵 达
xiànzàide Hǎizhū Guǎngchǎng fùjìn, yǒushí shènzhì tōng xiāo dá

旦。目前的 花 市 就 是 在 这种 集市的 基础上
dàn. Mùqiánde huā shì jiù shì zài zhèizhǒng jíshìde jīchǔshàng

发展 起来的， 真正 形成 的 时间 大约 在 清朝
fāzhǎn qǐlái de, zhēnzhèng xíngchéng de shíjiān dàyuē zài Qīngcháo

乾 （隆）嘉（庆）年间，距今 已 有 两个 半世纪。
Qián (lóng) Jiā (qìng) niánjiān, jùjīn yǐ yǒu liǎngge bàn shìjì.

年节 来，花 市 开。这 不 是 没 有 道理 的。 春节
Niánjié lái, huā shì kāi. Zhè bú shì méi yǒu dàolǐ de. Chūnjié

一向 是 中国人的 一个 隆重的 节日， 当地人 按
yīxiàng shì Zhōngguórénde yīge lóngzhòngde jiérì, dāngdìrén àn

习俗 都 要 在 过 年 的 时候 买 一株 报喜讯 的
xísú dōu yào zài guò nián de shíhou mǎi yīzhū bào xíxùn de

桃花、 吊钟花 和 一盆 象征 吉庆 的 金桔， 摆在
táohuā, diàozhōnghuā hé yīpén xiàngzhēng jíqìng de jīnjú, bǎizài

客厅里 迎接 亲 朋。 这样， 快 到 除夕 的 时候，
kètīngli yíngjiē qīn péng. Zhèiyàng, kuài dào chúxī de shíhou,

集市上 卖 花 的 越来越 多，花 市 便 逐渐 形成了。
jíshìshang mài huā de yuèláiyuè duō, huā shì biàn zhújiàn xíngchéngle.

84

加之 当时 茶 市已极 兴盛， 制作 花茶 需要 大量
Jiāzhī dāngshí chá shì yǐ jí xīngshèng, zhìzuò huā chá xūyào dàliàng

香 花，这就 更 促进了花 市的 发展。
xiāng huā, zhè jiù gèng cùjìnle huā shìde fāzhǎn.

广州 也具备 这样的 自然 条件： 由于 气候
Guǎngzhōu yě jùbèi zhèiyàngde zìrán tiáojiàn: Yóuyú qìhou

温和，春节 期间 这里含 芳 吐蕊的 花 达到 五
wēnhé, Chūnjié qījiān zhèlǐ hán fāng tǔ ruǐ de huā dádào wǔ

六十种， 这种 优越 条件 是 长江 流域的各大
liùshízhǒng, zhèizhǒng yōuyuè tiáojiàn shì Chángjiāng liúyùde gè dà

城市 所缺乏的， 更 不是 北方的 大 城市 所 能
chéngshì suǒ quēfá de, gèng bú shì běifāngde dà chéngshì suǒ néng

比拟的了。
bǐnǐ de le.

广州 花市 出售 的时花 种类 繁多， 经常
Guǎngzhōu huā shì chūshòu de shíhuā zhonglèi fánduō, jīngcháng

可以买到 的 有 桃花，梅花， 吊钟， 玫瑰，菊花，
kěyǐ mǎidào de yǒu táohuā, méihuā, diàozhōng, méiguì, júhuā,

牡丹，茶花，大丽，杜鹃，水仙，海棠，桂花 等， 以及
mǔdān, cháhuā, dàlì, dùjuān, shuǐxiān, hǎitáng, guìhuā děng, yǐjí

各 种 桔果 植物。 短短 几 天 之内， 上 市 的
gè zhǒng jú guǒ zhíwù. Duǎnduǎn jǐ tiān zhīnèi, shàng shì de

盆花 可达 二十 多 万 盆，枝花 近 七十 多 万 枝，
pénhuā kě dá èrshí duō wàn pén, zhīhuā jìn qīshí duō wàn zhī,

真 可说 是 满 目 琳琅， 洋洋 大 观 了。
zhēn kě shuō shì mǎn mù línláng, yángyáng dà guān le.

一 年 一 度 的 花 市 既 增 加 了 花 农 和 生 产 队 的
Yī nián yī dù de huā shì jì zēngjiāle huānóng hé shēngchǎnduìde

收入, 又 美化了 人们的 生活。
shōurù, yòu měihuàle rénmende shēnghuó.

繁荣	fánróng	prosperous; booming
集市	jíshì	fair; market
隆冬	lóngdōng	midwinter
未	wèi	not; have not; did not
尽	jìn	finish
草木	cǎo mù	grass and trees; vegetation
葱茏	cōnglóng	luxuriant; luxuriantly green
花	huā	flower
竞	jìng	compete; vie with each other
放	fàng	blossom; in bloom
春节	Chūnjié	Spring Festival
前夕	qiánxī	eve
传统	chuántǒng	tradition; traditional
花市	huā shì	flower fair
南方	nánfāng	south; area south of the Changjiang (Yangtze) River
异彩	yìcǎi	unique splendour
更加	gèngjiā	more; even more
热闹	rènao	lively; bustling with noise and excitement
有生气	yǒu shēngqì	dynamic; full of vitality
确实	quèshí	actually; indeed
半夜	bànyè	midnight
除夕	chúxī	New Year's eve
凌晨	língchén	before dawn
散	sàn	break up; disperse

整天	zhěngtiān	all day long
来…往…	lái. . . wǎng. . .	come and go; to and fro
川流不息	chuān liú bù xī	flowing past in an endless stream
出入	chū rù	come in and go out
绝大多数	jué dàduōshù	the overwhelming majority
外（省）	wài (shěng)	other (provinces)
香港	Xiānggǎng	Hong Kong
澳门	Aomén	Aomen (Macao)
各地	gè dì	various places; various parts
乐声	yuèshēng	sound of music
洋溢	yángyì	be permeated with; brim with
芳香	fāngxiāng	aroma
扑鼻	pū bí	assail the nostrils
架	jià	rack; shelf; stand
千红万紫	qiān hóng wàn zǐ	blaze of colour
（万紫千红）	(or: wàn zǐ qiān hóng)	
美不胜收	měi bú shèng shōu	so many beautiful things that one simply cannot take them all in
黄昏	huánghūn	dusk
来临	láilín	arrive; come
华灯	huádēng	coloured lantern
齐	qí	simultaneously; all at once
放	fàng	let off; give out
幼	yòu	young
摩肩接踵	mó jiān jiē zhǒng	jostle each other in a crowd; rub shoulders with others in an endless stream of people
熙熙攘攘	xīxīrǎngrǎng	hustle and bustle
片	piàn	*m.w. used in depicting vast scenes*
潮	cháo	tide
难怪	nánguài	understandable; no wonder

华侨	Huáqiáo	overseas Chinese
暖	nuǎn	warm
燕	yàn	swallow
语	yǔ	talk; speak
莺	yīng	oriole; warbler
啼	tí	cry; crow; trill
喜	xǐ	delighted; pleased
寿	shòu	longevity; age
丰	fēng	plentiful; abundant; bumper (harvest)
岁月	suìyuè	years; time
峥嵘	zhēngróng	eventful; extraordinary
歌	gē	sing (a song)
曲	qǔ	song
情	qíng	feeling; emotion
大治	dà zhì	great order; run (a country) well; (a country of) peace and prosperity
颂	sòng	praise
早先	zǎoxiān	formerly; in the past; previously
地方志	dìfāngzhì	local annals
游记	yóujì	travel notes
花农	huānóng	flower grower (peasant)
清晨	qīngchén	early morning
运	yùn	transport
市内	shìnèi	city proper; downtown; inside a city
贩售	fànshòu	sell; peddle
地点	dìdiǎn	place; site; locate
广场	guǎngchǎng	public square
通宵达旦	tōng xiāo dá dàn	all night long; throughout the night
目前	mùqián	at present
基础	jīchǔ	basis; foundation

88

真正	zhēnzhèng	real; true; actually
乾隆	Qiánlóng	title of reign adopted in 1736 (Qing dynasty)
嘉庆	Jiāqìng	title of reign adopted in 1796 (Qing dynasty)
年间	niánjiān	in the years of; period (in history)
距今	jùjīn	from today; ago
年节	niánjié	(lunar) new year festival
道理	dàolí	reason
一向	yīxiàng	all along; consistently
隆重	lóngzhòng	solemn; grand
节日	jiérì	festival; holiday
习俗	xísú	custom
过年	guò nián	celebrate the New Year
株	zhū	*m.w. for plant*
报喜讯	bào xǐxùn	announce good news
桃花	táohuā	peach blossom
吊钟花	diàozhōnghuā	canterbury bells
盆	pén	pot
吉庆	jíqìng	good luck; auspicious; happy
金桔	jīnjú	kumquat
摆	bǎi	put; place
客厅	kètīng	drawing room
迎接	yíngjiē	meet; greet
亲朋	qīn péng	relatives and friends
越来越…	yuèláiyuè . . .	more and more
逐渐	zhújiàn	gradually; by degrees
加之	jiāzhī	in addition to this; besides; moreover
茶市	chá shì	tea fair
兴盛	xīngshèng	flourishing; thriving
制作	zhìzuò	manufacture; make

89

花茶	huā chá	scented tea
香花	xiāng huā	fragrant flower
促进	cùjìn	stimulate; promote; advance
具备	jùbèi	possess; be provided with
条件	tiáojiàn	condition
温和	wēnhé	moderate; mild
期间	qījiān	time; period; course
含芳吐蕊	hán fāng tǔ ruǐ	bloom or be in bud
优越	yōuyuè	favourable; advantageous; superior
缺乏	quēfá	lack; be short of
北方	běifāng	north
比拟	bǐnǐ	compare; match
出售	chūshòu	sell
种类	zhǒnglèi	variety; kind
繁多	fánduō	various; numerous
梅花	méihuā	plum blossom
玫瑰	méiguì	rose
菊花	júhuā	chrysanthemum
牡丹	mǔdān	peony
茶花	cháhuā	camellia
大丽	dàlì	dahlia
杜鹃	dùjuān	azalea
水仙	shuǐxiān	narcissus
海棠	hǎitáng	begonia; crabapple
桂花	guìhuā	osmanthus
桔	jú	tangerine
果	guǒ	fruit
上市	shàng shì	appear on the market
盆花	pénhuā	potted flower
枝花	zhīhuā	cut flower
满目琳琅	mǎn mù línláng	a feast for the eyes
(琳琅满目)	(or: línláng mǎnmù)	

洋洋大观	yángyáng dà guān	spectacular; imposing
一年一度	yī nián yī dù	annual; once a year
既…又…	jì...yòu...	both...and...; as well as
增加	zēngjiā	increase
生产队	shēngchǎnduì	production brigade
收入	shōurù	income
美化	měihuà	beautify; embellish; prettify

A Prosperous Fair

Spring comes early to Guangzhou (Canton). While north China is still in the midst of bitter cold winter, this city is already green and full of a multitude of flowers. A flower fair, traditionally held on the eve of the Spring Festival (lunar new year), brings unique splendour to life in the city, adding to its bustle and vitality. "We Cantonese," a friend of mine told me, "feel that spring has come only when we see the flower fair."

The fair is usually open from morning to midnight, and on the last day of the lunar year it stays open until two in the morning. The flower fair swarms with people all day long, most of them from Guangzhou and its surrounding counties, some from other provinces and municipalities, many from Hong Kong, Macao and other parts of the world.

The fair rings with the sound of music, and the air is heavy with the fragrance of the flowers presented on the stalls in every beautiful shade and colour. At dusk, as the coloured lights come on, thousands upon thousands of men and women, young and old, come to the fair in an endless stream. The fair turns into a sea of flowers with a tide of jubilant people on the flow. It's not surprising then that an elderly overseas Chinese praised this flower fair in the following words:

> The warm east wind brings blossoms
>   on a thousand trees,
> Purple, green, orange and red;
> Swallows twitter, orioles trill,
> What joy! The people are hale,
>   the crops rich,
> The months full of worthy endeavour.
> Though one song cannot express all
>   I feel,
> How can I help singing
>   in praise of joyful harmony?

The fair began as a flower market long ago. Local annals and travelers' notes tell of peasants bringing flowers to sell in Guangzhou during the Ming dynasty. Arriving in the city in the early morning, they sold their seasonal flowers at a market near today's Haizhu Square. Sometimes it took all day and the next night. The flower fair developed from this base and first appeared in its present form in the years of Qianlong and Jiaqing, some two and a half centuries ago during the Qing dynasty.

There are good reasons for the fair to open on the eve of the traditional Spring Festival. The lunar new year has for centuries been the festival of festivals to all Chinese. As the Festival approached in the past, the local custom was to buy a sprig of "harbinger of spring" flowers, either peach blossoms or canterbury bells and a pot of kumquats, regarded as a symbol of good luck, to decorate the drawing room where friends and relations would be received. Thus, more and more blossoms appeared in the flower market on the eve of the lunar new year, and a flower fair gradually took shape. The development of the flower fair was also rapidly promoted by the brisk trade in fragrant tea, for large quantities of fragrant flowers were used in its processing.

Guangzhou is endowed with excellent natural conditions which municipalities in the north or even on the Yangtze River can hardly match: Owing to its warm climate, more than fifty kinds of flowers bloom in Guangzhou during the lunar new year period!

Numerous varieties of annual flowers are available at the Guangzhou flower fair. Here one can buy peach and plum blossoms, canterbury bells, roses, chrysanthemums, peonies, camellias, dahlias, azaleas, narcissi, begonias, and osmanthus flowers, as well as all kinds of fruit bearing plants. Nearly a quarter of a million potted plants and three quarters of a million cut flowers are brought to the fair for sale in the space of a few short days. It really is a spectacular feast for the customers' eyes.

This annual fair increases the income of the flower growers and production brigades, and besides, embellishes the lives of the citizens with colour and fragrance.

10

孙 中山的 故乡
Sūn Zhōngshānde Gùxiāng

广东 省 中山 县 有一个村子 叫 翠亨,
Guǎngdōng shěng Zhōngshān xiàn yǒu yīge cūnzi jiào Cuìhēng,

这 就 是 中国 革命的 伟大 先行者 孙 中山
zhè jiù shì Zhōngguó gémìngde wěidà xiānxíngzhě Sūn Zhōngshān

先生的 故乡。 从 广州 坐汽车大约四个小时
xiānshengde gùxiāng. Cóng Guǎngzhōu zuò qìchē dàyuē sìge xiǎoshí

就 可以到达。
jiù kěyǐ dàodá.

从 公共 汽车站 往 北走, 穿过 一片草地,
Cóng gōnggòng qìchēzhàn wǎng běi zǒu, chuānguò yīpiàn cǎodì,

可以 看见 一栋 二层 楼房, 那 就 是 孙 中山的
kěyǐ kànjiàn yīdòng èrcéng lóufáng, nà jiù shì Sūn Zhōngshānde

故居。 庭院的 右边 是一棵巨大的热带树。一八七八
gùjū. Tíngyuànde yòubian shì yīkē jùdàde rèdài shù. Yībāqībā

年 孙 中山 随同 他的哥哥 到 美国 檀香山
nián Sūn Zhōngshān suítóng tāde gēge dào Měiguó Tánxiāngshān

住了五年, 回 国 时 从 东南 亚一个国家 带着
zhùle wǔ nián, huí guó shí cóng Dōngnán Yà yīge guójiā dàizhe

这棵 树苗 来到 老家, 种在 庭院里。 这棵 近 百
zhèikē shùmiáo láidào lǎojiā, zhòngzài tíngyuànlǐ. Zhèikē jìn bǎi

年的 老树, 今天 仍 苍翠、茂密, 生机 勃勃。
niánde lǎo shù, jīntiān réng cāngcuì, màomì, shēngjī bóbó.

楼房 一层 是客厅, 正中 挂着 孙 中山的
Lóufáng yī céng shì kètīng, zhèngzhōng guàzhe Sūn Zhōngshānde

照片, 两边 墙上 挂着 他父母的 照片。 孙
zhàopiàn, liǎngbiān qiángshàng guàzhe tā fùmǔde zhàopiàn. Sūn

中山的 卧室在客厅的 北边。 孙 中山的 书房
Zhōngshānde wòshì zài kètīngde běibiān. Sūn Zhōngshānde shūfáng

在 楼上的 南侧, 这里 放着 孙 中山 幼年 时读
zài lóushàngde náncè, zhèlǐ fàngzhe Sūn Zhōngshān yòunián shí dú

书 用过 的 书桌、书柜 和 凳子, 还 有他 当年
shū yòngguo de shūzhuō, shūguì hé dèngzi, hái yǒu tā dāngnián

行医 看 病 用 的 桌椅、 铁 床 等。 无论 是
xíngyī kàn bìng yòng de zhuō yǐ, tiě chuáng děng. Wúlùn shì

卧室 还是 书房, 都 保持着 原来的 式样。 书房的
wòshì háishì shūfáng, dōu bǎochízhe yuánláide shìyàng. Shūfángde

墙上 挂着 孙 中山 十八岁时的 照片, 孙
qiángshàng guàzhe Sūn Zhōngshān shí bā suì shíde zhàopiàn, Sūn

中山 年轻 时喜欢 在这里读书、写 文章, 并
Zhōngshān niánqīng shí xǐhuan zài zhèlǐ dú shū, xiě wénzhāng, bìng

同 他的 朋友 讨论 国事。
tóng tāde péngyou tǎolùn guóshì.

孙 中山 领导 的辛亥 革命取得胜利 以后, 他
Sūn Zhōngshān lǐngdǎo de Xīnhài gémìng qǔdé shènglì yǐhòu, tā

曾 担任过 两任 大 总统 和 两任 大元帅, 但是
céng dānrènguo liǎngrèn dà zǒngtǒng hé liǎngrèn dàyuánshuài, dànshi

他 这 小小的 故居依然 如旧。一九一二 年 他辞去临时
tā zhè xiǎoxiǎode gùjū yīrán rú jiù. Yījiǔyī'èr nián tā cíqù línshí

大　总统　后　还　曾　回到这里住过。
dà zǒngtǒng hòu hái céng huídào zhèlǐ zhùguo.

故居的　右　前方，是一九六六年　建　的　一座
Gùjūde yòu qiánfāng, shì yījiǔliùliù nián jiàn de yīzuò

陈列馆。这里的展品介绍了孙　中山的　生平，
chénlièguǎn. Zhèlǐde zhǎnpǐn jièshaole Sūn Zhōngshānde shēngpíng,

他为谋求　中国　富强统一而奋斗的　一生：他
tā wèi móuqiú Zhōngguó fùqiáng tǒngyī ér fèndòu de yīshēng: Tā

早年　为准备　民主革命而进行的　活动；他同
zǎonián wèi zhǔnbèi mínzhǔ gémìng ér jìnxíng de huódòng; tā tóng

改良派　的斗争；他领导辛亥革命的不朽功勋；
gǎiliángpài de dòuzhēng; tā lǐngdǎo Xīnhài gémìng de bùxiǔ gōngxūn;

他坚持国共合作的伟大贡献。
tā jiānchí Guó Gòng hézuò de wěidà gòngxiàn.

陈列馆　展出的图片、文物等有几百件，
Chénlièguǎn zhǎnchū de túpiàn, wénwù děng yǒu jǐ bǎijiàn,

其中　有一九二四年五月孙　中山在　广州
qízhōng yǒu yījiǔ'èrsì nián Wǔyuè Sūn Zhōngshān zài Guǎngzhōu

讲话　的录音。半个多世纪过去了，但是他的慷慨
jiǎnghuà de lùyīn. Bànge duō shìjì guòqule, dànshi tāde kāngkǎi

陈词仍是那样激动人心。
chéncí réng shì nàyàng jīdòng rénxīn.

孙　中山　出身于一个贫穷的农民的家庭，
Sūn Zhōngshān chūshēnyú yīge pínqióngde nóngmínde jiātíng,

他的家乡翠亨村当年也是十分穷困的。
tāde jiāxiāng Cuìhēng cūn dāngnián yě shì shífēn qióngkùnde.

96

但是　今天，这位　伟大人物的　故乡，已经不是昔日的
Dànshi jīntian, zhèiwèi wěidà rénwùde gùxiāng, yǐjīng bú shì xīride

景况　了。
jǐngkuàng le.

翠亨　村　现在是　南蓢　人民　公社　翠亨　大队
Cuìhēng cūn xiànzài shì Nánlǎng rénmín gōngshè Cuìhēng dàduì

翠亨　生产队。　一九五六　年　这里兴修了一个可以
Cuìhēng shēngchǎnduì. Yījiǔwǔliù nián zhèlǐ xīngxiūle yīge kěyǐ

灌溉　七百　公顷　农田的　逸仙　水库，水库　边上
guàngài qī bǎi gōngqǐng nóngtiánde Yìxiān shuǐkù, shuǐkù biānshàng

修了一座逸仙　水电站，解决了附近几个　生产队　的
xiūle yīzuò Yìxiān shuǐdiànzhàn, jiějuéle fùjìn jǐge shēngchǎnduì de

家庭和　粮食　加工　用　电。
jiātíng hé liángshi jiāgōng yòng diàn.

孙　中山　故居前　有一片　小　树林，树林里有
Sūn Zhōngshān gùjū qián yǒu yīpiàn xiǎo shùlín, shùlínli yǒu

一棵老　榕树。　孙　中山　小　时候　常　喜欢　上
yīkē lǎo róngshù. Sūn Zhōngshān xiǎo shíhou cháng xǐhuan shàng

树　捉　小　鸟，他也　常　在　树下　听老农　讲　太平
shù zhuō xiǎo niǎo, tā yě cháng zài shùxià tīng lǎonóng jiǎng Tàipíng

天　国的故事。这棵老　榕树　前几年干枯了，后来
tiān guóde gùshi. Zhèikē lǎo róngshù qián jǐ nián gānkūle, hòulái

管理孙　中山　故居的人把枯干锯掉，接上了一棵
guǎnlǐ Sūn Zhōngshān gùjū de rén bǎ kū gàn jùdiao, jiēshàngle yīkē

小　榕树。现在，这棵小　榕树枝叶　茂盛，天天
xiǎo róngshù. Xiànzài, zhèikē xiǎo róngshù zhī yè màoshèng, tiāntiān

迎接着 来自各地的 客人，好像 在 说：孙 中山
yíngjiēzhe lái zì gèdì de kèren, hǎoxiàng zài shuō: Sūn Zhōngshān

先生 说过，"后 来居 上"，他 说得 多么 正确
xiānsheng shuōguo, "Hòu lái jū shàng", tā shuōde duōmo zhèngquè

呀！
ya!

故乡	gùxiāng	native village; birthplace
伟大	wěidà	great
先行者	xiānxíngzhě	pioneer
公共汽车	gōnggòng qìchē	bus
站	zhàn	(bus) stop; station
草地	cǎodì	meadow; lawn
栋	dòng	*m.w. for house, building, etc.*
故居	gùjū	former residence
庭院	tíngyuàn	courtyard
右边	yòubian	right (side)
热带	rèdài	tropical; the torrid zone
随同	suítóng	be in company with
哥哥	gēge	elder brother
檀香山	Tánxiāngshān	Honolulu (Sandalwood Mountain)
东南亚	Dōngnán Yà	southeast Asia
树苗	shùmiáo	sapling
老家	lǎojiā	native place; old home
仍	réng	still
苍翠	cāngcuì	verdant; dark green
茂密	màomì	thick; dense
生机勃勃	shēngjī bóbó	full of life; full of vitality
照片	zhàopiàn	photograph; picture
父母	fùmǔ	father and mother; parent

书房	shūfáng	study
幼年	yòunián	childhood; infancy
书桌	shūzhuō	writing desk
书柜	shūguì	bookcase
凳子	dèngzi	stool
行医	xíngyī	practise medicine
无论	wúlùn	no matter (how, what, which, . . .)
保持	bǎochí	keep; maintain
原来	yuánlái	former; original
式样	shìyàng	style; model
文章	wénzhāng	essay; article
讨论	tǎolùn	discuss
国事	guóshì	national affairs
辛亥革命	Xīnhài gémìng	1911 Revolution
取得	qǔdé	achieve; gain
胜利	shènglì	victory
担任	dānrèn	hold the post of; assume the office of
任	rèn	*m.w.* times (in holding a certain post)
总统	zǒngtǒng	president
元帅	yuánshuài	marshal; supreme commander
大元帅	dàyuánshuài	generalissimo; commander-in-chief
依然	yīrán	as before; still
辞去	cíqù	decline; resign; take one's leave
临时	línshí	provisional; temporary
前方	qiánfāng	in front of; ahead
建	jiàn	build; construct
陈列馆	chénlièguǎn	exhibition hall
展品	zhǎnpǐn	item on display; exhibit
生平	shēngpíng	all one's life; biographical
为…而…	wèi . . .ér . . .	for
谋求	móuqiú	seek; strive for
富强	fùqiáng	prosperous and strong

奋斗	fèndòu	fight; struggle
一生	yīshēng	life; throughout one's life
早年	zǎonián	early years
民主革命	mínzhǔ gémìng	democratic revolution
活动	huódòng	activity
改良派	gǎiliángpài	reformists; reformist group
不朽	bùxiǔ	immortal
功勋	gōngxūn	feats; meritorious service
坚持	jiānchí	uphold; insist on; stick to
国共合作	Guó Gòng hézuò	cooperation between the Kuomintang and the Communist Party
贡献	gòngxiàn	contribution
展出	zhǎnchū	display; show
图片	túpiàn	picture; photograph
录音	lùyīn	tape recording
慷慨	kāngkǎi	vehement; fervent
陈词	chéncí	present one's views; make a speech
激动	jīdòng	stir; excite
出身	chūshēn	family background
于	yú	in; from; at; on
贫穷	pínqióng	poor
家庭	jiātíng	family
家乡	jiāxiāng	hometown; native place
穷困	qióngkùn	poverty-stricken
昔日	xīrì	in former days
景况	jǐngkuàng	situation; circumstances
人民公社	rénmín gōngshè	people's commune
大队	dàduì	brigade (which comes between the commune and the production teams)
兴修	xīngxiū	build; construct (usu. a large project)

灌溉	guàngài	irrigate
公顷	gōngqǐng	hectare
农田	nóngtián	farmland
水库	shuǐkù	reservoir
边	biān	edge; side; margin
修	xiū	construct
水电站	shuǐdiànzhàn [m. w. 座]	hydropower station
解决	jiějué	solve
粮食	liángshi	grain
加工	jiāgōng	process
树林	shùlín	grove; woods
榕树	róngshù	banyan tree
小时候	xiǎo shíhou	in one's childhood
上树	shàng shù	climb a tree
捉	zhuō	catch
老农	lǎonóng	old peasant
太平天国	Tàipíng Tiān Guó	Taiping Heavenly Kingdom
前几年	qián jǐ nián	the preceding years
干枯	gānkū	wither; dry up
后来	hòulái	later
枯	kū	wither
干	gàn	trunk
锯掉	jùdiao	cut (off) with a saw
接上	jiēshàng	put a graft on
天天	tiāntiān	everyday
好像	hǎoxiàng	as if; as though
后来居上	hòu lái jū shàng	the new (generation) surpasses the old
多么	duōmo	how!
正确	zhèngquè	right; correct

Dr. Sun Yat-sen's Native Village

Cuiheng village in Zhongshan county, Guangdong province is the birthplace of Dr. Sun Yat-sen, the great pioneer of the Chinese revolution. Cuiheng village is about four hours by bus from Guangzhou (Canton).

Going northward from the bus stop, through a meadow, one comes to the two-storey building which was the family home of Dr. Sun. In the courtyard on the right stands a huge tropical tree. In 1878 Sun Yat-sen went with his elder brother to Honolulu where he lived for five years. On his way home he brought the sapling back from a country in southeast Asia and planted it in the yard. Though now nearly a hundred years old, this tree is still green and flourishing.

On the ground floor is the sitting room. On the wall facing the door is a photograph of Dr. Sun, and pictures of his parents hang on the two side walls. To the north of the sitting room is his bedroom. On the first floor to the south is the office-study with the desk, bookcase and stools which Sun used when he was a schoolboy. There are also a table, chair and an iron hospital bed which he used when treating patients. Both the bedroom and the office-study are preserved as they were when used by Dr. Sun. A picture of Sun at the age of eighteen hangs on the wall of the study where he often studied, wrote and discussed the affairs of the nation with his friends.

After leading the 1911 Revolution to victory, Dr. Sun Yat-sen became the first President of the Republic and Commander-in-Chief of its armed forces, serving two terms of office in each capacity. But his old home remained unchanged. He returned to live here after resigning from the provisional presidency of the Republic in 1912.

To the right of the house is the exhibition hall built in 1966. The exhibits here show Dr. Sun's life and his struggle to find the road to a prosperous and unified China: his early activities in preparing for the democratic revolution; his struggle against the reformists; his immortal feats in leading the 1911 Revolution; and his great contribution to pro-

moting the cooperation between the Kuomintang and the Communist Party.

Several hundred pictures and articles are on display, including a tape recording of Dr. Sun making a speech in the city of Guangzhou in May 1924. Though more than half a century has passed, people are still moved by the force of Dr. Sun's fervent words.

Sun Yat-sen came from a poor peasant family of impoverished Cuiheng Village. But today, the native village of this great personage has changed enormously.

Cuiheng is now a production team under the Cuiheng brigade of the Nanlang People's Commune. In 1956 the commune built the Yat-sen Reservoir capable of irrigating 700 hectares of farmland. Next to the reservoir, the Yixian (Yat-sen) Hydropower Station has been built providing the nearby production brigades with power for home use and food processing.

In a grove before the Sun house is a banyan tree which Sun often climbed as a child to catch small birds. Sun Yat-sen used to sit beneath this tree listening to old peasants' tales of the Taiping Heavenly Kingdom. A few years ago the old tree withered. People who look after the Sun house sawed off the withered trunk and grafted a young banyan tree onto the stump. This young banyan is now flourishing and each day welcomes visitors from all parts of the land, as if murmuring: Sun Yat-sen once said that *The new generation must surpass the old.* How true these words are!

11

阿凡提的六个 故事
Afántíde Liùge Gùshi

① 金钱 与 正义
Jīnqián Yǔ Zhèngyì

一 天， 国王 问阿凡提：
Yī tiān, guówáng wèn Afántí:

"阿凡提， 要是 这里 有 两样 东西： 金钱 和
"Afántí, yàoshi zhèlǐ yǒu liǎngyàng dōngxi: jīnqián hé

正义， 你 选择 前者， 还是 选择 后者？"
zhèngyì, nǐ xuǎnzé qiánzhě, háishì xuǎnzé hòuzhě?"

"金钱。" 阿凡提不 假思索地回答。
"Jīnqián." Afántí bù jiǎ sīsuǒde huídá.

"你 怎么 啦， 阿凡提？ 我 要 选择 的话， 就 选择
"Nǐ zěnme la, Afántí? Wǒ yào xuǎnzé de huà, jiù xuǎnzé

后者， 就是 说， 选择 正义。 我 不 会 选择 金钱
hòuzhě, jiù shì shuō, xuǎnzé zhèngyì. Wǒ bú huì xuǎnzé jīnqián

的。金钱 有 什么希奇的？ 正义 可 不 容易 找到
de. Jīnqián yǒu shénme xīqí de? Zhèngyì kě bù róngyì zhǎodào

啊！"
a!"

104

"谁 缺 什么 就 想 得到 什么，陛下。" 阿凡提
"Shéi quē shénme jiù xiǎng dédào shénme, Bìxià." Afántí

说， "您 想 要 得到 的 正 是 您 缺少 的。"
shuō, "Nín xiǎng yào dédào de zhèng shì nín quēshǎo de."

阿凡提	Afántí	Afanti (A legendary figure of wisdom, justice and humour of Uygur nationality in China. Other names given to Afanti in world literature are: Nasreddin Hodja; Joha of Rumelia; Effendi; Apandi; Hodscha Nasreddin; Mulla Nasrudin, etc.)
金钱	jīnqián	money
与	yǔ	and
正义	zhèngyì	righteousness; righteous
国王	guówáng	king; padishah
样	yàng	*m.w. sort; kind*
东西	dōngxi	thing
选择	xuǎnzé	choose
前者	qiánzhě	the former
后者	hòuzhě	the latter
不假思索	bù jiǎ sīsuǒ	without thinking
你怎么啦	nǐ zěnme la	What's the matter with you?
就是说	jiù shì shuō	that is; it means
希奇	xīqí	strange; rare; curious
可	kě	but
容易	róngyì	easy
找到	zhǎodào	find
缺	quē	lack

陛下	Bìxià	Your Majesty; His (Her) Majesty
得到	dédào	obtain
正是	zhèng shì	to be exactly; to be the very (thing, person, etc.)
缺少	quēshǎo	lack; be short of

Six Stories about Afanti

(1) Money and Righteousness

One day the padishah (i.e. the king) asked Afanti:

"Afanti, if you were offered money or righteousness, which one would you choose: the former or the latter?"

"Money," Afanti replied without thinking.

"What's the matter with you, Afanti?" the padishah said, "If I were choosing I would choose the latter, that is, righteousness. I wouldn't have chosen money. What's so rare about money? Righteousness is not easy to find you know!"

"People always wish to obtain what they are lacking, Your Highness." Afanti said, "What you wish to obtain is just what you are lacking."

②饭菜的 香味 和钱币的 声响

Fàncàide xiāngwèi hé qiánbìde shēngxiǎng

阿凡提的一个 穷　朋友　跑来　找 阿凡提：
Afántíde yīge qióng péngyou pǎolái zhǎo Afántí:

"阿凡提呀，我 是 来 找 你　帮忙　的。昨天　我
"Afántí ya, wǒ shì lái zhǎo nǐ bāngmáng de. Zuótiān wǒ

站在 巴依的 饭馆　附近，巴依揪住 我，要　我 付 他的
zhànzai bāyīde fànguǎn fùjìn, bāyī jiūzhu wǒ, yào wǒ fù tāde

饭菜的　香味　钱。我 拒绝了，他 就 到 喀孜那里去告
fàncàide xiāngwèi qián. Wǒ jùjuéle, tā jiù dào kāzī nàlǐ qù gào

状。　现在 喀孜派 人 来 叫 我 到 他那儿去。我 该
zhuàng. Xiànzài kāzī pài rén lái jiào wǒ dào tā nàr qù. Wǒ gāi

怎么 办 呐，阿凡提？"
zěnme bàn na, Afántí?"

"咱们　一块 去 吧。"
"Zánmen yīkuàr qù ba."

阿凡提和 那个 穷　朋友　来到 的 时候，巴依跟
Afántí hé nèige qióng péngyou láidào de shíhou, bāyī gēn

喀孜 正　谈得 高兴。
kāzī zhèng tánde gāoxìng.

"你 这个 不 要　脸 的 家伙！你 怎么 敢 拒绝付
"Nǐ zhèige bú yào liǎn de jiāhuo! Nǐ zěnme gǎn jùjué fù

108

巴依的饭菜的　香味　钱？！"
bāyīde　fàncàide xiāngwèi qián?!"

"等 一会儿，喀孜。"阿凡提说。"这个 可怜的 家伙
"Děng yìhuěr,　kāzī."　Afántí shuō. "Zhèige kěliánde jiāhuo

是 我的 兄弟，我 来 替他 付 钱。"
shì wǒde xiōngdi, wǒ lái tì tā fù qián."

阿凡提 掏出 一个　装着　钱币 的 口袋，在巴依的
Afántí　tāochū yīge zhuāngzhe qiánbì de kǒudai, zài bāyīde

面前　摇了摇，说：
miànqián yáoleyáo, shuō:

"巴依，你 听到 钱币的　响声　了吗？"
"Bāyī,　nǐ tīngdào qiánbìde xiǎngshēng le ma?"

"对呀！我 听到 钱币的　响声　了！这 里边 有
"Duì ya! Wǒ tīngdào qiánbìde xiǎngshēng le! Zhè lǐbiān yǒu

钱！"
qián!"

"那 好，我的 兄弟　闻到了 你 饭菜的　香味，你
"Nà hǎo, wǒde xiōngdi wéndàole nǐ fàncàide xiāngwèi, nǐ

听到了 我 钱币的　声响，咱们的　帐　清了。"
tīngdàole wǒ qiánbìde shēngxiǎng, zánmende zhàng qīngle."

饭菜	fàncài	meal; repast
香味	xiāngwèi (wèr)	sweet smell; fragrance
钱币	qiánbì	coin
声响	shēngxiǎng	noise; sound; clink
帮忙	bāngmáng	help
巴依	bāyī	*bai* — rich man
饭馆	fànguǎn	restaurant

揪	jiū	grab; seize; hold tight
付	fù	pay
拒绝	jùjué	refuse
喀孜	kāzī	*cadi* — judge
告状	gào zhuàng	bring a lawsuit against sb.
怎么办	zěnme bàn	what to do; what shall I do
不要脸	bú yào liǎn	shameless
家伙	jiāhuo	fellow; guy
可怜	kělián	pitiable; poor
兄弟	xiōngdi	brother
掏	tāo	take out; pull out
装	zhuāng	pack; hold; load
口袋	kǒudai	bag
摇	yáo	shake; wave
闻	wén	smell (v)
帐	zhàng	account
清	qīng	settle; set; square; clear

(2) The Smell of the Meal and the Clink of the Coins

A poor friend of Afanti's came to see him.

"Oh Afanti! I've come to ask you for help. Yesterday while I was standing near the bai's restaurant, the bai took hold of me and asked me to pay for the smell of his meal. On my refusal, he went to the cadi, the judge to bring a lawsuit against me. Now the cadi has sent for me. What shall I do, Afanti?"

"Well, let's go together."

The bai was chatting intimately with the cadi when the poor man arrived with Afanti.

"You shameless man! How dare you refuse to pay the bai for the smell of his meal?"

"Wait a minute, cadi," Afanti said. "This poor fellow is my brother, and I'll pay for him."

Afanti took out a bag of coins and shook it in the bai's face.

"Do you hear the clink of the coins, bai?"

"Oh yes! I hear the clink of your coins! There are certainly coins in it!"

"Well then, my brother has caught the smell of your meal and you've heard the clink of my coins. Our accounts are settled."

③哪 天 来取衣服？

Nǎ tiān lái qǔ yīfu?

阿凡提开了一个 小小的 染坊。一 天，一个巴依
Afántí kāile yīge xiǎoxiǎode rǎnfang. Yī tiān, yīge bāyī

来 让阿凡提染 一块布。
lái ràng Afántí rǎn yīkuài bù.

"您要 染 什么 颜色？"阿凡提问。
"Nín yào rǎn shénme yánsè?"   Afántí wèn.

"我 要 染 一种 '并 不 存在'的颜色。"巴依
"Wǒ yào rǎn yīzhǒng 'bìng bù cúnzài' de yánsè."   Bāyī

故意 刁难 阿凡提。
gùyì diāonàn Afántí.

"什么 是 '并 不 存 在'的颜色？"
"Shénme shì 'bìng bù cún zài' de yánsè?"

"那 就 是 一种 不 红，不 黑，不 蓝，不 绿，不 白
"Nà jiù shì yīzhǒng bù hóng, bù hēi, bù lán, bú lù, bù bái

的 颜色。明白了 吗？"
de yánsè. Míngbaile ma?"

"明白了。我 将 照 您 说 的 办。"
"Míngbaile. Wǒ jiāng zhào nín shuō de bàn."

"什么 时候 来取 呢？"
"Shénme shíhou lái qǔ ne?"

112

"您 到 那个 '并不 存在' 的日子来取吧。"阿凡提
"Nín dào nèige 'bìng bù cún zài' de rìzi lái qǔ ba."   Afántí

回答 说： "就 是 那样的 一 天， 既 不 是 星期一， 也 不
huídá shuō: "Jiù shì nàyàngde yī tiān, jì bú shì Xīngqīyī, yě bú

是 星期二， 也不是 星期三， 更 不 是星期四、星期五、
shì Xīngqī'èr, yě bú shì Xīngqīsān, gèng bú shì Xīngqīsì, Xīngqīwǔ,

星期六 或者 星期日。 到 那 一 天 您 来取吧。 明白了
Xīngqīliù huòzhě Xīngqīrì. Dào nà yī tiān nín lái qǔ ba. Míngbaile

吗？ "
ma?"

取	qǔ	take; get
染坊	rǎnfáng	dyeing shop
染	rǎn	dye
布	bù	cloth
颜色	yánsè	colour
并不	bìng bù	by no means; not as might be expected
存在	cúnzài	exist
故意	gùyì	intentionally; deliberately
刁难	diāonàn	make things difficult for sb.
黑	hēi	black
蓝	lán	blue
绿	lù	green
明白	míngbai	understand; know
将	jiāng	will; shall; be about to; be going to
照	zhào	according to; comply with
办	bàn	do; act; work; manage
日子	rìzi	day; date

那样	nàyàng	like that; so; such
星期一	Xīngqīyī	Monday
或者	huòzhě	or
星期日	Xīngqīrì	Sunday

(3) On a "Non-existent" Day

Afanti opened a small dyeing shop.   One day a bai came and asked Afanti to dye a piece of cloth for him.

"What colour do you want?" Afanti asked.

"I want to dye it a 'non-existent' colour."   The bai deliberately made things difficult for Afanti.

"What is a 'non-existent' colour?"

"It's one that's neither red, nor black, nor blue, nor green, nor white. Do you understand?"

"Yes.   I'll do as you say."

"When shall I come and collect it?"

"Come and get it on a 'non-existent' day," Afanti replied.   "That is neither Monday, nor Tuesday, nor Wednesday, nor Thursday, nor Friday, nor Saturday, nor Sunday.   Do you understand?"

④ 日期

Rìqī

阿凡提有一次同 国王的 宠臣 开 玩笑, 说
Āfántí yǒu yīcì tóng guówángde chǒngchén kāi wánxiào, shuō

这位 大臣 明天 就要死了。说来 也 真 巧,第二
zhèiwèi dàchén míngtiān jiù yào sǐ le. Shuōlái yě zhēn qiǎo, dì'èr

天 这位 宠臣 从 马上 摔下来, 真的死了。
tiān zhèiwèi chǒngchén cóng mǎshang shuāixialai, zhēnde sǐle.

国王 听说 有 这等 事, 大发雷霆, 当即下 令
Guówáng tīngshuō yǒu zhèděng shì, dà fā léitíng, dāngjí xià lìng

把阿凡提 抓来。
bǎ Āfántí zhuālai.

"阿凡提, 你既然 知道我的 大臣 什么 时候 会
"Āfántí, nǐ jìrán zhīdao wǒde dàchén shénme shíhou huì

死,你 当然 知道你自已 该哪天 死啰。快 说, 要不
sǐ, nǐ dāngrán zhīdao nǐ zìjǐ gāi nǎ tiān sǐ luo. Kuài shuō, yàobù

今天 就是你死的日子! "
jīntɩan jiù shì nǐ sǐ de rìzi!"

"陛下, 我 怎么 知道自已的死期呢? 我 只 知道
"Bìxià, wǒ zěnme zhīdao zìjide sǐqī ne? Wǒ zhǐ zhīdao

我 将 比您早死 两 天。这 是胡大的意志。"
wǒ jiāng bǐ nín zǎo sǐ liǎng tiān. Zhè shì Húdàde yìzhì."

116

国王　怕处死了阿凡提，　自己的死期 跟着 就 到，
Guówáng pà chǔsǐle Afántí,　zìjǐde sǐqī gēnzhe jiù dào,

心　想　还不如 让阿凡提活得 越　长　越 好，就 把
xīn xiǎng hái bùrú ràng Afántí huóde yuè cháng yuè hǎo, jiù bǎ

他 放了。
tā fàngle.

日期	rìqī	date
宠臣	chǒngchén	favourite subject or official
开玩笑	kāi wánxiào	make a joke; joke
大臣	dàchén	minister (of a monarchy)
巧	qiǎo	coincidentally; opportunely
摔	shuāi	fall; tumble; plunge
真的	zhēnde	actually; indeed; truly
这等事	zhèděng shì	this sort of thing; such (queer) things
大发雷霆	dà fā léitíng	fly into a rage
当即	dāngjí	instantly; at once
抓	zhuā	catch; arrest
既然	jìrán	since; now that; as
死期	sǐqī	date of one's death
胡大	Húdà	Allah; God
意志	yìzhì	will
处死	chǔsǐ	execute; put to death
跟着	gēnzhe	follow; after that
心想	xīn xiǎng	think

(4) The Date

Afanti once made a joke with the padishah's favourite minister, saying that the minister would die the next day. By coincidence, the next day the minister fell from his horse and died. When the padishah heard this, he flew into a rage and ordered Afanti to be arrested at once.

"Afanti, since you knew when my minister would die, you must know the date of your own death. Out with it, or you'll die today!"

"How can I know the date of my own death, Your Majesty! I know only that I'll die two days earlier than you. That's Allah's will."

Fearing that his own death would follow if Afanti were executed, the padishah thought it wiser to keep him alive as long as possible. So the padishah let Afanti go.

⑤救 命 恩人

Jiù mìng ēnrén

有一个伯克（伯克是"官"的意思），从 狼 口里
Yǒu yīge bókè　(bókè shì "guān" de yìsi),　cóng láng kǒulí

救下了一只羊。 羊 乖乖地 跟着伯克回家。一到
jiùxiale yīzhī yáng. Yáng guāiguāide gēnzhe bókè huí jiā. Yī dào

家， 伯克就 动 手 宰羊。 羊 使劲 叫，惊动了
jiā,　bókè jiù dòng shǒu zǎi yáng. Yáng shǐ jìn jiào, jīngdòngle

隔壁的阿凡提。
gébìde　Afántí.

阿凡提走过来 看。伯克对他 说：
Afántí zǒuguòlai kàn. Bókè duì tā shuō:

"这头 羊 是我 从 狼 口里救出来的。"
"Zhèitóu yáng shì wǒ cóng láng kǒuli jiùchulai de."

"那它怎么 还 骂 你呢？"阿凡提问。
"Nà tā zěnme hái mà ní ne?"　Afántí wèn.

"它骂我什么？"
"Tā mà wǒ shénme?"

阿凡提说：
Afántí shuō:

"它 骂 你也是一只狼。"
"Tā mà ni yě shì yīzhī láng."

救命	jiù mìng	save sb.'s life; Help!
恩人	ēnrén	benefactor
伯克	bókè	*bek*
官	guān	official
意思	yìsi	meaning; sense
狼	láng	wolf
救	jiù	save
乖乖地	guāiguāide	obediently; well-behaved
动手	dòng shǒu	begin; get to work
宰	zǎi	slaughter; butcher
使劲	shǐ jìn	exert all one's strength
叫	jiào	cry; shout; bleat
惊动	jīngdòng	alarm; disturb; startle
隔壁	gébì	next door
头	tóu	*m.w. for sheep, ox, etc.*
怎么	zěnme	why
只	zhī	*m.w. for wolf, sheep, etc.*

(5) The Magistrate Who Saved the Sheep

A bek (i.e. a magistrate) saved a sheep from a wolf, so the sheep willingly followed him home. But as soon as he reached home, the bek started to kill the sheep. The desperate bleat of the sheep attracted the attention of Afanti, the bek's neighbour.

Afanti came over to the bek.

"I saved this sheep from a wolf," explained the bek.

"Then why does it curse you?" asked Afanti.

"What's it saying?"

Afanti said:

"The sheep says that you are also a wolf!"

⑥真 朋友
Zhēn péngyou

阿凡提 当上了 喀孜， 许多人 争 先 恐 后地
Afántí dāngshangle kāzī, xǔduō rén zhēng xiān kǒng hòu de

来 找 他 交 朋友。 有 人 对 他 说：
lái zhǎo tā jiāo péngyou. Yǒu rén duì tā shuō:

"阿凡提， 你 真 了不起！ 你 看， 你 有 多少
"Afántí, nǐ zhēn liǎobuqǐ! Nǐ kàn, nǐ yǒu duōshao

朋友 呀！"
péngyou ya!"

阿凡提回答 说：
Afántí huídá shuō:

"我 有 多少 朋友， 现在 可 说不上来。 究竟
"Wǒ yǒu duōshao péngyou, xiànzài kě shuōbushànglái. Jiūjìng

谁 是 我 的 真 朋友， 要 等 我 不 当 喀孜了， 才
shéi shì wǒde zhēn péngyou, yào děng wǒ bù dāng kāzī le, cái

能 看清楚 哩！"
néng kàngqīngchu li!"

| 真 | zhēn | true; real |
| 当上 | dāngshang | come to work as or serve as (usu. |

		in a new position which is an object of envy to the speaker)
争先恐后	zhēng xiān kǒng hòu	vie with each other in doing sth.
交朋友	jiāo péngyou	make friends
了不起	liǎobuqǐ	wonderful; amazing; extraordinary
说不上来	shuōbushànglái	cannot say exactly
究竟	jiūjìng	exactly; after all; in the end
哩	li	*particle*

(6) The True Friends

After Afanti had become a cadi, a religious judge, many people vied with each other to make friends with him.

"You are wonderful, Afanti!" Someone said to him. "See how many friends you have!"

"For the time being I can't say exactly how many friends I've got," answered Afanti. "It'll become clear when I'm no longer a cadi."

12

一生

Yīshēng

伊 生在 农家， 没有 享过 "呼 奴 唤 婢" "傅
Yī shēngzài nóngjiā, méiyou xiǎngguo "hū nú huàn bì"   "fù

粉 施 朱" 的福气，也 没有 受过 "三 从 四 德" "自由
fěn shī zhū" de fúqi,   yě méiyou shòuguo "sān cóng sì dé" "zìyóu

平等" 的 教训，简直 是 很 简单的一个 动物。伊自
píngděng" de jiàoxùn, jiǎnzhí shì hěn jiǎndānde yīge dòngwù. Yī zì

出 母胎， 生长到 会 说 话会 行动 的 时候，就
chū mǔtāi, shēngzhǎngdào huì shuō huà huì xíngdòng de shíhou, jiù

帮着 父母拾些 稻稿， 挑 些 野菜。到了十五岁， 伊
bāngzhe fùmǔ shí xiē dàogǎo, tiāo xiē yěcài.   Dàole shíwǔ suì,   yī

父母 便 把伊嫁了， 因为 伊早晚 总 是 别人家的人，
fùmǔ biàn bǎ yī jiàle,   yīnwèi yī zǎowǎn zǒng shì biérénjiāde rén,

多 留一年， 便 多 破费一年的 穿 吃 零用， 倒
duō liú yī nián, biàn duō pòfèi yī niánde chuān chī língyòng, dào

不如 早早 把伊嫁了， 免得 白费了自己的心思财力，
bùrú zǎozāo bǎ yī jiàle,   miǎnde bái fèile zìjǐde   xīnsi cáilì,

替人家 长 财产。 伊夫家呢， 本来 田务 忙碌， 要
tì rénjia zhǎng cáichǎn. Yī fūjiā ne,   běnlái tiánwù mánglù, yào

125

雇人 帮助，如今把伊娶了，即不 能 省一个 帮佣，
gù rén bāngzhù, rújīn bǎ yī qǔle, jí bù néng shěng yīge bāngyōng,

也得抵半条 耕牛。伊嫁了不 上一年，就 生了个
yě děi dǐ bàntiáo gēngniú. Yī jiàle bú shàng yī nián, jiù shēngle ge

孩子，伊也莫 名 其妙，只觉得自己睡在 母亲 怀抱里
háizi, yī yě mò míng qí miào, zhǐ juéde zìjǐ shuìzài mǔqin huáibàoli

还 是 昨天的 事，如今自己是 抱 孩儿的 人了。伊的
hái shì zuótiānde shì, rújīn zìjǐ shì bào hái'ér de rén le. Yīde

孩子没 有 摇篮 睡，没 有 柔软的衣服 穿， 没 有
háizi méi yǒu yáolán shuì, méi yǒu róuruǎnde yīfu chuān, méi yǒu

清气 阳光 充足的 地方 住，连 睡在 伊的怀里也
qīngqì yángguāng chōngzúde dìfang zhù, lián shuìzài yīde huáili yě

只有 晚上 睡觉的 时候 才得 享受， 白天 只
zhǐ yǒu wǎnshang shuìjiàode shíhou cái dé xiǎngshòu, báitiān zhǐ

睡在 黑黝黝的 屋角里。不 到 半岁， 他就死了。伊
shuìzài hēiyōuyōude wūjiáolǐ. Bú dào bàn suì, tā jiù sǐle. Yī

哭得不可开交，只觉 以前 从 没 这么 伤 心
kūde bù kě kāijiāo, zhǐ jué cóngqián cóng méi zènme shāng xīn

过。伊婆婆 说伊不会 领 小孩，好好 一个孙儿 被伊
guo. Yī pópo shuō yī bú huì lǐng xiǎohái, hǎohāo yīge sūn'ér bèi yī

糟踏死了，实在 可恨。伊 公公 说伊 命硬，招不牢
zāota sǐle, shízài kěhèn. Yī gōnggong shuō yī mìngyìng, zhāobuláo

子息， 怎 不绝了他一门的嗣。伊 丈夫 却 没别的 话
zǐxī, zěn bù juéle tā yīménde sì. Yī zhàngfu què méi biéde huà

说，只 说 要是 在 赌场里 百 战 百 胜， 便 死
shuō, zhǐ shuō yàoshi zài dǔchángli bǎi zhàn bǎi shèng, biàn sǐ

十个儿子也不 关 他事。伊听了也不去 想 这些 话
shíge érzi yě bù guān tā shì.　Yī tīngle yě bú qù xiǎng zhèixiē huà

是 什么意思，只是 朝 也哭，晚 也哭。
shì shénme yìsi,　zhǐ shì zhāo yě kū,　wǎn yě kū.

　　有一天伊发见了新奇的事了：开开 板箱，那 嫁
Yǒu yī tiān yī fāxiànle xīnqíde shì le:　kāikai bǎnxiāng, nà jià

时的几件 青布 大袄不 知哪里去了。后来 伊 丈夫
shíde jǐjiàn qīngbù dà'ǎo bù zhī nǎli qùle.　Hòulái yī zhàngfu

喝醉了，自己说 是他 当掉 的。 冬天 来得很 快，
hēzuìle,　zìjǐ shuō shì tā dàngdiao de.　Dōngtiān láide hěn kuài,

几阵 西 风 吹得 人 彻骨地 冷。伊 大着 胆 央求
jǐzhèn xī fēng chuīde rén chègǔde lěng.　Yī dàzhe dǎn yāngqiú

丈夫 把 青布 袄 赎回来，却吃了 两个 巴掌。 原来
zhàngfu bǎ qīngbù ǎo shúhuilai,　què chīle liǎngge bāzhang. Yuánlái

伊吃 丈夫的 巴掌 早 经习以为 常，唯一的了局
yī chī zhàngfude bāzhang zǎo jīng xí yǐ wéi cháng, wéiyīde liǎojú

便 是哭。这一天伊又哭了。伊 婆婆 喊道，"再哭！
biàn shì kū. Zhè yī tiān yī yòu kūle.　Yī pópo hǎndào, "Zài kū!

一家人家 给你哭完了！"伊听了 更 不住地哭。婆婆
Yījiā rénjiā gěi nǐ kūwánle!"　Yī tīngle gèng búzhùde kū. Pópo

动了 怒，拉起捣衣的 杵 在 伊 背上 抽了几下。伊
dòngle nù,　lāqǐ dǎo yī de chǔ zài yī bèishang chōule jǐxià.　Yī

丈夫 还 加上两个巴掌。
zhàngfu hái jiāshang liǎngge bāzhang.

　　这一番伊吃的苦太重 了。 想到 明天，后天……
Zhè yīfān yī chī de kǔ tài zhòng le. Xiǎngdào míngtiān, hòutiān ...

将来，不由得 害怕 起来。 第二 天 朝晨， 天 还 没
jiānglái, bùyóude hàipà qǐlai. Dì'èr tiān zhāochén, tiān hái méi

亮透， 伊 轻轻地 走了 出来，私幸伊 丈夫 还 没
liàngtòu, yī qīngqīngde zǒule chūlai, sīxìng yī zhàngfu hái méi

醒。 西风 像 刀， 吹到 脸上 很 痛，但是 伊
xǐng. Xī fēng xiàng dāo, chuīdào liǎnshang hěn tòng, dànshi yī

觉得比吃 丈夫的 巴掌 痛得 还 轻 些，就也满足了。
juéde bǐ chī zhàngfude bāzhang tòngde hái qīng xiē, jiù yě mǎnzúle.

一口 气跑了十几里路， 到了一条河边， 才停了脚步。
Yīkǒu qì pǎole shí jǐ lí lù, dàole yītiáo hé biān, cái tíngle jiǎobù.

这条 河里是 有 航船 经过 的。
Zhèitiáo héli shì yǒu hángchuán jīngguò de.

等了 好久， 航船 经过了， 伊就 上了 船。 那些
Děngle hǎojiǔ, hángchuán jīngguòle, yī jiù shàngle chuán. Nèixiē

乘客 好似个个会 催眠术 的，一见了伊， 便 知道 是
chéngkè hǎosì gègè huì cuīmiánshù de, yī jiànle yī, biàn zhīdao shì

在家里受了 气，私自逃走 的。他们 对伊 说道，"总是
zài jiāli shòule qì, sīzì táozǒu de. Tāmen duì yī shuōdào, "Zǒngshì

你自已没 长进， 才 使家里人和你 生气。即使 他们
nǐ zìjǐ méi zhǎngjìn, cái shǐ jiāli rén hé nǐ shēng qì. Jíshǐ tāmen

委屈了你， 你是 年幼 小娘， 总 该 忍耐 一二。
wěiqūle nǐ, nǐ shì niányòu xiǎoniáng, zǒng gāi rěnnài yī èr.

这么 使性子， 碰不起， 苦还有得 吃！ 况且 如今逃了
Zènme shǐ xìngzi, pèngbuqǐ, kǔ hái yǒudé chī! Kuàngqiě rújīn táole

出去， 靠傍 谁 呢？不如 趁 原 船 回去吧。" 伊
chūqu, kàobàng shéi ne? Bùrú chèn yuán chuán huíqu ba." Yī

听了不答应，只低着头不响。 众客 便有些不
tīngle bù dāying, zhǐ dīzhe tóu bù xiǎng. Zhòngkè biàn yǒu xiē bú

耐烦。一个道，"不知伊 想 的 什么 心思，论不定
nàifán. Yīge dào, "Bù zhī yī xiǎng de shénme xīnsi, lùnbudìng

还约下了汉子 同 走！" 众人 便 哗笑 起来。伊
hái yuēxiàle hànzi tóng zǒu!" Zhòngrén biàn huáxiào qǐlai. Yī

也不去 管 他们。
yě bú qù guǎn tāmen.

伊进了 城， 寻到 一家荐头。 荐头 把伊 荐到 一家
Yī jìnle chéng, xúndào yījiā jiàntou. Jiàntou bǎ yī jiàndao yījiā

人家 当 佣妇。伊的新 生活 从此开始了：虽也是
rénjiā dāng yōngfù. Yīde xīn shēnghuó cóngcǐ kāishǐle: Suī yě shì

一天 到 晚地操作，却 没人 说伊，骂伊，打伊，
yī tiān dào wǎn de cāozuò, què méi rén shuō yī, mà yī, dǎ yī,

便 觉得 眼前的 境地 非常 舒服， 永远 不 愿
biàn juéde yǎnqiánde jìngdì fēicháng shūfu, yǒngyuǎn bú yuàn

更换 了。伊唯一的不快，就是夜半 梦 醒 时思念
gēnghuàn le. Yī wéiyīde búkuài, jiù shì yèbàn mèng xǐng shí sīniàn

伊已死的孩子。
yī yǐ sǐ de háizi.

一 天，伊到 市上 买 东西，遇见一个人，心里
Yī tiān, yī dào shìshang mǎi dōngxi, yùjiàn yīge rén, xīnli

就老大不自在，这个人是村里的邻居。不到 三 天，
jiu lǎodà búzìzai, zhèige rén shì cūnlide línjū. Bú dào sān tiān,

就 发生 影响 了：伊 公公 已寻了来，开 口 便
jiù fāshēng yǐngxiǎng le: yī gōnggong yǐ xúnle lái, kāi kǒu biàn

嚷道，"你 会 逃，如今寻到了，可再 能 逃？你若是
rǎngdào, "Nǐ huì táo, rújīn xúndàole, kě zài néng táo? Nǐ ruò shì

乖觉的，快跟我回去！"伊听了不敢开口，奔到
guāijué de, kuài gēn wǒ huíqu!" Yī tīngle bù gǎn kāi kǒu, bēndào

里面，伏在主母的背后，只是发呆。主母便唤
lǐmiàn, fúzài zhǔmǔde bèihòu, zhǐ shì fā dāi. Zhǔmǔ biàn huàn

伊公公进来对他说，"你媳妇为我家帮佣，此刻
yī gōnggong jìnlai duì tā shuō, "Nǐ xífù wèi wǒ jiā bāngyōng, cǐkè

约期还没满，怎能去?" 伊公公无可辩论，
yuēqī hái méi mǎn, zěn néng qù?" Yī gōnggong wú kě biànlùn,

只得狠狠地叮嘱伊道，"期满了赶紧回家！ 倘若
zhǐdé hěnhěnde dīngzhǔ yī dào, "Qī mǎnle gǎnjǐn huí jiā! Tǎngruò

再逃，我家也不要你了，你逃到哪里，就在哪里卖掉
zài táo, wǒ jiā yě bú yào nǐ le, nǐ táodào nǎli, jiù zài nǎli màidiao

你，或是打折你的腿！"
ni, huò shì dǎshé nǐde tuǐ!"

　　伊觉得这舒服的境地，转眼就要成空虚的，
Yī juéde zhè shūfude jìngdì, zhuányǎn jiù yào chéng kōngxū de,

非常舍不得。想到将来……更害怕起来。这几
fēicháng shěbude. Xiǎngdào jiānglái... gèng hàipà qǐlai. Zhè jǐ

天里眼睛就肿了，饭就吃不下了，事也就做不动
tiānli yǎnjing jiù zhǒngle, fàn jiù chībuxià le, shì yě jiù zuòbudòng

了。主人知道伊的情况，心想如今的法律，请求
le. Zhǔrén zhīdao yīde qíngkuàng, xīnxiǎng rújīnde fǎlù, qǐngqiú

离婚，并不烦难，便问伊道，"可情愿和夫家
lí hūn, bìng bù fánnán, biàn wèn yī dào, "Kě qíngyuàn hé fūjiā

断绝?"伊答道，"哪有不愿!"主人便代伊草了
duànjué?" Yī dádào, "Nǎ yǒu bú yuàn!" Zhǔrén biàn dài yī cǎole

个 呈子，把 种种 以往的 事实和 如今的 心愿 都
ge chéngzi, bǎ zhǒngzhǒng yǐwǎngde shìshí hé rújīnde xīnyuàn dōu

叙述 明白，预备 呈请 县长 替伊作主。主妇 却
xùshù míngbai, yùbèi chéngqǐng xiànzhǎng tì yī zuò zhǔ. Zhǔfù què

说道，"替伊 请求 离婚，固然 很 好，但伊不 一定
shuōdào, "Tì yī qǐngqiú lí hūn, gùrán hěn hǎo, dàn yī bù yīdìng

永久 做我家 帮佣 的。一旦伊离开了我家，又 没
yǒngjiǔ zuò wǒ jiā bāngyōng de. Yīdàn yī líkāile wǒ jiā, yòu méi

别人家雇伊，那 时候伊 便 怎样？ 论情呢，母家
biérénjiā gù yī, nà shíhou yī biàn zěnyàng? Lùnqíng ne, mǔjiā

原 该 收留伊，但是伊的母家可 能 办到？" 主人
yuán gāi shōuliú yī, dànshi yīde mǔjiā kě néng bàndào?" Zhǔrén

听了主妇的 话，把 一腔 侠情 冷了 下来，只 说
tīngle zhǔfùde huà, bǎ yīqiāng xiáqíng lěngle xiàlai, zhǐ shuō

一声 "无 可 奈何！"
yīshēng "Wú kě nài hé!"

　　隔几天，伊父亲来了，是伊 公公 叫 他 来 的。
　　Gé jǐ tiān, yī fùqin láile, shì yī gōnggong jiào tā lái de.

主妇 问他，"可有 救你女儿 的法子？" 他 答道，"既
Zhǔfù wèn tā, "Kě yǒu jiù nǐ nǚ'ér de fázi?" Tā dádào, "Jì

做人家的媳妇，要打要骂，概 由人家，我 怎 能
zuò rénjiade xífù, yào dǎ yào mà, gài yóu rénjia, wǒ zěn néng

作得主？我 如今单是 传 伊 公公的 话 叫伊回去
zuòde zhǔ? Wǒ rújīn dān shì chuán yī gōnggongde huà jiào yī huíqu

罢了。"但是 伊 仗着 主母的回护，没有 跟伊 父亲
bàle." Dànshi yī zhàngzhe zhǔmǔde huíhù, méiyou gēn yī fùqin

同 走。后来 伊家 公婆 托邻居进 城 的带 个 口信，
tóng zǒu. Hòulái yī jiā gōngpó tuō línjū jìn chéng de dài ge kǒuxìn,

说 伊丈夫 正 害 病，要伊回去服侍。伊心里只是
shuō yī zhàngfu zhèng hài bìng, yào yī huíqu fúshi. Yī xīnli zhǐ shì

怕回去，主母 就替伊回绝了。
pà huíqu, zhǔmǔ jiù tì yī huíjuéle.

　　过了四天，伊父亲 又来了，对伊 说，"你的 丈夫
Guòle sì tiān, yī fùqin yòu láile, duì yī shuō, "Nǐde zhàngfu

害 病死了，再不 回去，我 可担当不起。你 须得 跟
hài bìng sǐle, zài bù huíqu, wǒ kě dāndāngbùqǐ. Nǐ xūděi gēn

我走！"主母 也 说，"这一番你 只得 回去了。否则
wǒ zǒu!" Zhǔmǔ yě shuō, "Zhè yīfān nǐ zhǐdé huíqu le. Fǒuzé

你家的人就会 打到这里来！"伊 见 眼前的 人 没
nǐ jiāde rén jiù huì dǎdào zhèlǐ lái!" Yī jiàn yǎnqiánde rén méi

一个不 叫伊回去，心想 这一番一定 应该 回去了。
yīge bú jiào yī huíqu, xīnxiǎng zhè yīfān yīdìng yīnggāi huíqu le.

但 总是 害怕，总是 不 愿意。
Dàn zǒngshì hàipà, zǒngshì bú yuànyì.

　　伊到了家里，见 丈夫 直僵僵地 躺在 床上，
Yī dàole jiāli, jiàn zhàngfu zhíjiāngjiāngde tǎngzài chuángshang,

心里 很 有 些儿 悲伤， 但也 想，他是 骂伊打伊
xīnli hěn yǒu xiēr bēishāng, dàn yě xiǎng, tā shì mà yī dǎ yī

的。伊 公婆 也不 叫伊哭，也不 叫 伊服孝，却 领伊
de. Yī gōngpó yě bú jiào yī kū, yě bú jiào yī fúxiào, què lǐng yī

到 一家人家，受了二十千 钱，把伊卖了。伊的父亲，
dào yījiā rénjiā, shòule èrshí qiān qián, bǎ yī màile. Yīde fùqin,

公公， 婆婆 都 以为 这个 办法 是 应当 的。他们
gōnggong, pópo dōu yǐwéi zhèige bànfǎ shì yīngdāng de. Tāmen

心里 原 有个 成例：既不 种 田， 便 卖 耕牛， 伊
xīnli yuán yǒu ge chénglì: Jì bú zhòng tián, biàn mài gēngniú, yī

是 一条 牛， 如今 用不着 了， 便 该 卖掉。 把 伊的
shì yītiáo niú, rújīn yòngbuzháo le, biàn gāi màidiao. Bǎ yīde

身价 充 伊 丈夫的 殓费， 便 是 伊最后的 义务！
shēnjià chōng yī zhàngfude liànfèi, biàn shì yī zuìhòude yìwù!

一九一九， 二， 十 四。
Yījiǔyījiǔ, èr, shí sì.

---

* 短篇 小说 《一生》 是 中国 著名 作家 叶 圣陶 一九一九
Duǎnpiān xiǎoshuō "Yìshēng" shì Zhōngguō zuòmíng zuòjiā Yè Shèngtáo yījiǔyījiǔ

年的 作品。 选自《叶 圣陶 短篇 小说 选集》，人民 文学
niánde zuòpin. Xuǎn zì "Yè Shèngtáo Duǎnpiān Xiǎoshuō Xuǎnjí", Rénmín Wénxué

出版社， 一九五四年， 北京。
Chūbǎnshè, yījiǔwǔsì nián, Běijīng.

伊	yī	she; her (a common pronoun in some major southern dialects meaning HE, HIM; SHE, HER. In the early years of this century 伊 was used in the strict sense of SHE or HER in modern Chinese literature)
享	xiǎng	enjoy
呼	hū	call; shout to
奴	nú	slave; servant
唤	huàn	call; cry; shout
婢	bì	slave girl; servant-girl

傅	fù	apply (powder)
粉	fěn	face powder; toilet powder; powder
施	shī	use; apply
福气	fúqi	luck; good fortune
三从四德	sān cóng sì dé	the Three Degrees of Dependence (upon her father; upon her husband; upon her son) and the Four Virtues (right behaviour; proper speech; proper manner; proper employment) befitting a woman in feudal China
自由	zìyóu	free; freedom
平等	píngděng	equal; equality
教训	jiàoxùn	lesson; teach sb. a lesson
简直	jiǎnzhí	simply; at all
简单	jiǎndān	simple
出母胎	chū mǔtāi	be born; leave mother's womb
生长	shēngzhǎng	grow
行动	xíngdòng	get about; move
帮	bāng	help
拾	shí	pick up (from the ground); collect
稻稿	dàogǎo	stalk of grain; straw
挑	tiāo	pick; select
野菜	yěcài	edible wild herbs
嫁	jià	(of a woman) marry
早晚	zǎowǎn	sooner or later
总	zǒng	invariably; always
别人家	biérénjiā	other person; others
留	liú	keep sb. where he is; remain
破费	pòfèi	spend money
零用	língyòng	miscellaneous expenses
倒	dào	would rather; better; on the contrary

134

免得	miǎnde	so as to avoid; so as not to
白	bái	in vain
费心思	fèi xīnsi	take a lot of trouble
财力	cáilì	financial capacity; money
人家	rénjia	others
长	zhǎng	increase
夫家	fūjiā	husband's family
田务	tiánwù	field work
忙碌	mánglù	busy
雇	gù	hire
如今	rújīn	now
娶	qǔ	take wife
即	jí	even if
省	shěng	economize; save
帮佣	bāngyōng	hired hand
抵	dǐ	balance; set off; be equal to
耕牛	gēngniú	farm cattle
上	shàng	reach
莫名其妙	mò míng qí miào	be baffled; be unable to make head or tail of sth.
怀抱	huáibào	bosom; in sb.'s arms
抱	bào	have one's first child (or grandchild); hold or carry in one's arms
摇篮	yáolán	cradle
柔软	róuruǎn	soft; snug
清	qīng	clear; fresh
气	qì	air
阳光	yángguāng	sunlight
充足	chōngzú	enough; sufficient
怀	huái	bosom
只有…才…	zhǐyǒu...cái...	only; only (when); only (in case)
得	dé	can; may

享受	xiǎngshòu	enjoy
白天	báitiān	daytime; day; by day
黑黝黝	hēiyōuyōu	dark; dim
不可开交	bù kě kāijiāo	very; awfully; be unable to break away from or extricate oneself from; can't help but
从没	cóng méi	have never
伤心	shāng xīn	sad
婆婆	pópo	husband's mother; mother-in-law
领	ling	look after; raise; bring up
孙儿	sūn'ér	grandson
糟踏	zāota	ruin; spoil; waste
实在	shízài	in fact; really
可恨	kěhèn	hateful
公公	gōnggong	husband's father; father-in-law
命硬	mìngyìng	ill-starred; predestined to bring bad luck to his or her near kin
招不牢	zhāobuláo	unable to rear or bring up
子息	zǐxī	descendants; male offspring
绝嗣	jué sì	without offspring
门	mén	family; a branch of a family
丈夫	zhàngfu	husband
赌场	dǔchǎng	gambling house; casino
百战百胜	bǎi zhàn bǎi shèng	ever-victorious
不关…事	bù guān … shì	have nothing to do with (sb.)
朝	zhāo	morning
也…也…	yě … yě	and; all the same; both; neither … nor …
发见	fāxiàn	discover (＝发现)
新奇	xīnqí	strange; odd; new
板箱	bǎnxiāng	chest
青布	qīngbù	black cloth

袄	ǎo	a short coat or jacket
当	dàng	pawn; put sth. in pawn
阵	zhèn	*m.w. for wind; gust; blast*
彻骨	chègǔ	to the bones
大着胆	dàzhe dǎn	pluck up one's courage
央求	yāngqiú	beg
赎	shú	redeem; take out (of pledge)
吃巴掌	chī bāzhang	be given a slap
习以为常	xí yí wéi cháng	be used to; be accustomed to
唯一	wéiyī	only; sole
了局	liǎojú	outcome; final result
动怒	dòng nù	flare up; lose one's temper
捣衣	dǎo yī	beat clothes (in washing)
杵	chǔ	pestle; stick used to pound clothes in washing
抽	chōu	lash; whip
番	fān	*m.w. time*
吃苦	chī kǔ	bear hardships; suffer
重	zhòng	heavy
后天	hòutiān	day after tomorrow
将来	jiānglái	future
不由得	bùyóude	cannot but; can't help
害怕	hàipà	fear
朝晨	zhāochén	morning (＝早晨)
透	tòu	thoroughly; through; fully
轻	qīng	light
私幸	sīxìng	(inwardly) congratulate oneself
刀	dāo	knife
痛	tòng	pain; ache
满足	mǎnzú	contented; satisfied
一口气	yīkǒu qì	in one breath
停	tíng	stop

脚步	jiǎobù	step
航船	hángchuán	passenger boat
经过	jīngguò	pass
好久	hǎojiǔ	long time; for ages
上船	shàng chuán	go aboard
好似	hǎosì	as if; as though
催眠术	cuīmiánshù	hypnotism; mesmerism
受气	shòu qì	suffer wrong; take the rap
私自	sīzì	privately; secretly; without permission
逃走	táozǒu	run away
长进	zhǎngjìn	make progress
生气	shēng qì	to be angry with
即使	jíshǐ	even; even though; even if
委屈	wěiqū	put sb. to great inconvenience; feel wronged
年幼	niányòu	young
小娘	xiǎoniáng	young wife
忍耐	rěnnài	restrain oneself; exercise patience
…一二	…yī'èr	a bit
使性子	shǐ xìngzi	lose one's temper; wilful; self-willed
碰不起	pèngbuqǐ	touchy; be quick to take offence
有得	yǒudé	there's no lack of
况且	kuàngqiě	moreover; besides
靠傍	kàobàng	rely on; depend on
趁	chèn	take advantage of; take
原	yuán	former; primary; original
答应	dāying	answer; respond
低头	dī tóu	hang one's head
响	xiǎng	make a sound
众	zhòng	the masses; crowd
不耐烦	bú nàifán	grow impatient

心思	xīnsi	thought; idea
论不定	lùnbudìng	perhaps; maybe
约	yuē	make an appointment; arrange
汉子	hànzi	man; fellow
哗笑	huáxiào	roar with laughter
管	guǎn	pay attention
荐头	jiàntou	employment agent
荐	jiàn	recommend
佣妇	yōngfù	maidservant
从此	cóngcǐ	from this time on; henceforth
操作	cāozuò	work; labour
眼前	yǎnqián	at present; at the moment
境地	jìngdì	condition; circumstances
愿	yuàn	wish; to be willing to
更换	gēnghuàn	change
不快	búkuài	unhappy; be in low spirits
夜半	yèbàn	midnight
梦	mèng	dream
思念	sīniàn	think of; miss; long for
遇见	yùjiàn	meet
老大	lǎodà	very
不自在	búzìzai	feel uneasy; feel ill at ease
开口	kāi kǒu	start to talk; open one's mouth
嚷	rǎng	yell; shout
若	ruò	if
乖觉	guāijué	clever; smart; intelligent
伏	fú	bend over; hide
主母	zhǔmǔ	mistress
发呆	fā dāi	stare blankly; be in a trance
媳妇	xífù	daughter-in-law; son's wife
此刻	cǐkè	at this moment; now
约期	yuēqī	time limit set in a contract

满	mǎn	run out; expire
辩论	biànlùn	argue; debate
只得	zhǐdé	have to; be forced to
叮嘱	dīngzhǔ	warn; urge
期满	qīmǎn	come to an end; expire; run out
倘若	tǎngruò	supposing; in case; if
折	shé	broken; snap; break
腿	tuǐ	leg
转眼	zhuǎnyǎn	in the twinkling of an eye
空虚	kōngxū	empty; hollow
舍不得	shěbude	hate to part with
肿	zhǒng	swollen
法律	fǎlù	law
请求	qǐngqiú	ask; request
离婚	lí hūn	divorce
不烦难	bù fánnán	not difficult; not hard
情愿	qíngyuàn	willing
断绝	duànjué	break off; sever
代	dài	take sb.'s place; for; in place of
草	cǎo	draft
呈子	chéngzi	petition
以往	yǐwǎng	past; in the past
事实	shìshí	fact
心愿	xīnyuàn	wish; cherished desire
预备	yùbèi	prepare; ready to
呈请	chéngqǐng	present; submit; apply
作主	zuò zhǔ	back up; support; take the responsibility for a decision
主妇	zhǔfù	mistress
固然	gùrán	no doubt; it is true; of course
永久	yǒngjiǔ	forever; permanent
一旦	yīdàn	once; in case

论情	lùnqíng	in the ordinary course of events
母家	mǔjiā	a married woman's parents' home
腔	qiāng	*m.w. for emotion, feeling, enthusiasm, etc.* cavity
侠情	xiáqíng	chivalry; chivalrous enthusiasm
无可奈何	wú kě nài hé	have no way out; have no alternative
隔	gé	after; at an interval of
法子	fǎzi	way; method
既	jì	now that; since
概	gài	categorically; without exception
由	yóu	in sb.'s charge; handled by
单	dān	only; single
罢了	bàle	that's all
仗着	zhàngzhe	rely on; depend on
回护	huíhù	shield; protect; guard
公婆	gōngpó	parents-in-law
托	tuō	ask; entrust
带口信	dài kǒuxìn	take (sb.) an oral message
害病	hài bìng	contract an illness; suffer from an illness
服侍	fúshi	attend; wait upon
回绝	huíjué	refuse; decline
担当不起	dāndāngbùqǐ	unable to take on responsibility
须得	xūděi	must; should
直僵僵	zhíjiāngjiāng	stiff; straight; rigid
悲伤	bēishāng	sad
服孝	fúxiào	put on mourning dress
千（钱）	qiān (qián)	a string of one thousand cash
以为	yǐwéi	think; consider
应当	yīngdāng	ought to; should; due
成例	chénglì	accepted rule

用不着	yòngbuzháo	of no use
身价	shēnjià	the selling price of a slave
充	chōng	serve as; act as; fill
殓费	liànfèi	funeral expenses
义务	yìwù	duty; obligation

The Life of a Countrywoman*

She was born in a peasant's family and never had the good fortune to be waited on by maids or servants, or dress herself up and powder her face. She was not taught the Three Degrees of Dependence and the Four Virtues, or the ideas of freedom and equality. She was no more than a mere creature.

After leaving her mother's womb, as soon as she was able to walk and talk she helped her parents glean paddy stalks and pick herbs. At fifteen her parents married her off, for sooner or later she would belong to some other family anyway, and each extra year they kept her meant the cost of an extra year's feeding, clothing, and so on. Better, then, get her off their hands early and save themselves the trouble and expense of reaving other people's property.

Her husband's family had so much field work that they needed to hire help. Even if this new daughter-in-law couldn't save them taking on a hired hand, she was worth half an ox to them. In less than a year, she gave birth to a son, and in her bewilderment, it seemed only yesterday that she herself was sleeping in her mother's arms, while now she had become the mother of her own baby. Her baby had no cradle, no soft clothes, no airy and sunny room to live in. It was only at night that he could enjoy sleeping in her arms, by day he slept in a dark corner of the room. At less than six months old he died. She cried her heart out and felt that she had never been so grieved in her life.

Her mother-in-law accused her of not knowing how to look after her baby, and of ruining a perfectly healthy grandson. Her father-in-law swore that his line would die out — she was too illstarred to rear children. But her husband merely remarked that if he could win every bet at the gambling house, he wouldn't care if tens sons died.

---

* This story written in 1919 by the famous writer Ye Shengtao has been taken from *Ye Shengtao's Short Stories*, People's Literature Publishing House, Beijing, 1954.

She didn't bother herself to think about what they meant. She just cried from morning till night.

One day she made a strange discovery. When she opened her chest, she found that the black cotton-padded clothes that were part of her dowry had disappeared. Later, her husband when drunk told her he had pawned them. Winter came soon, and the west wind chilled people to the bones. She plucked up her courage and begged her husband to redeem the pawned clothes, but got only two slaps on the face for her trouble. She was used to his knocking her about, but it always reduced her to tears.

Today when she wept her mother-in-law snapped:

"Crying again?! Your wailing has already sent this family to tomb!"

This made her sob still more loudly. In a rage her mother-in-law snatched up the stick used for beating the washing and beat her back several times. For good measure her husband gave her two more slaps.

It was more than she could bear. The thought of tomorrow and the day after tomorrow, and the future ... could not but fill her heart with fearful dismay. The next morning before it was light, she slipped out of the house confident that her husband was still asleep. The west wind stung her face like a knife, but she felt that it hurt less than her husband's beatings and was content. She hurried a dozen *li* without stopping for breath till she came to the river bank, then waited for the passenger boat to town.

When finally the boat came, she went aboard. The passengers all seemed to have sixth sense: They saw at a glance that she had run away from home because she had been badly treated.

"You've only yourself to blame if you make your in-laws angry," they told her. "Even if they treat you badly, a young wife has to put up with such things. If you're so temperamental and touchy, so much the worse for you! Besides, who can you turn to now that you've run away? You'd better go back with this boat."

She didn't answer, just hung her head in silence. In exasperation one of the passengers said:

"Who knows what she's up to? She may be eloping!"

The others roared with laughter, but she paid no attention to them.

On reaching town she found an employment agency which got her a job as a servant. A new life began for her. Though she was on the go all day long, as no one scolded her, cursed her or beat her, she thought herself extremely well off and wished she could stay there for ever. It was only when she woke at night from dreams of her dead baby that she felt unhappy.

144

One day when out shopping, she chanced to meet a person who made her very ill at ease. He was an old neighbour from her husband's village. In less than three days she saw the results. Her father-in-law came to find her.

"Run away, would you?" he bellowed. "Now I've tracked you down you won't get away again. If you're not a fool, you'll come back with me at once!"

She dared not answer but rushed indoors to cower motionless behind her mistress. The latter called her father-in-law in and said:

"Your daughter-in-law is working as a servant in my home. Her contract hasn't expired yet, so how can she leave now?"

Stumped by this, her father-in-law ordered her viciously: "As soon as your time's up, come back! If you run away again we won't have you back: wherever you run to we'll sell you on the spot — or break your legs!"

So this place where she had felt so comfortable would in no time be an illusion. How could she bear to leave it? She dreaded the thought of the future. For the next few days her eyes were swollen, she could not eat, she could not work.

Her master, now that he knew the circumstances, thought it should not be hard according to the new law to get her a divorce, so he asked her:

"Do you want to break with your husband's family?"

"Of course I do!" she said.

Thereupon he drafted a petition for her, clearly stating the facts of her case and her request for a divorce, meaning to present this to the magistrate. His wife, however, said, "Of course it's good to get her a divorce, but she may not be working for us all her life. Suppose she leaves us and nobody hires her, what's to become of her? Normally, her own family should take her in, but can they manage it?"

The reasoning of the mistress soon dampened the master's chivalry.

"It can't be helped then," he murmured.

A few days later her father arrived, sent by her father-in-law. The mistress asked:

"Have you any way to rescue your daughter?"

"Since she's married into their family, if they want to beat her or curse her, it's up to them," he replied. "What can I do about it? I'm just passing on her father-in-law's message telling her to go home."

But backed by her mistress she refused to go with her father.

Later her mother-in-law asked a neighbour to bring her word that her husband was ill and she must go home to nurse him. She was so afraid

to go that her mistress refused for her.

Four days later her father came back.

"Your husband is dead. If you still won't go back, I can't answer for it. You must come along with me."

"This time you'll have to go," her mistress said. "Otherwise your family will be coming here and making trouble."

Since everyone around her was telling her to go, she felt this time there was no help for it. But she still dreaded it, was still unwilling to go.

At home, the sight of her husband stiff and stark on the bed made her feel rather sad, but she also remembered his cruelty to her. Her in-laws did not tell her to wail or put on mourning, instead, they led her to someone's house and sold her for twenty strings of cash.

Her father, father-in-law and mother-in-law all thought this right and proper, in keeping with the accepted rule: when your ox can no longer till the soil, sell it, and since she was an ox and they now had no further use for her, they had better sell her off.

The money got from selling her was spent on her husband's funeral. This was her last obligation!

14 February, 1919

13

劳山道士*

Láoshān Dàoshi

县城里 有个 姓 王 的 书生，排行 第七，是
Xiànchéngli yǒu ge xìng Wáng de shūshēng, páiháng dìqī, shì

个旧 官僚 家庭的 后代。他 从小 就 崇拜 道教的
ge jiù guānliáo jiātíngde hòudài. Tā cóngxiǎo jiù chóngbài Dàojiàode

法术，听说 劳山上 仙人 多，就带了 书箱 去
fǎshù, tīngshuō Láoshānshang xiānrén duō, jiù dàile shūxiāng qù

寻访。
xúnfǎng.

他 爬上 一座 山，山顶 有 一所 道观，周围
Tā páshàng yīzuò shān, shāndǐng yǒu yīsuǒ dàoguàn, zhōuwéi

很 幽静。一个 道士 在 蒲团上 打坐，白发一直披到
hěn yōujìng. Yīge dàoshi zài pútuánshang dǎzuò, báifà yīzhí pīdào

脖子上，可是 显得 健旺 豪放，不 同 凡人。 王
bózishang, kěshi xiǎnde jiànwàng háofàng, bù tóng fánrén. Wáng

七 上前 叩见， 说上 几句 话，觉得 道士 讲 的
Qī shàngqián kòujiàn, shuōshang jǐ jù huà, juéde dàoshi jiǎng de

---

* 《劳山 道士》译自 清 代 著名 文学家 蒲 松龄 (1640—1715) 的
"Láoshān Dàoshi" yì zì Qīng dài zhùmíng wénxuéjiā Pú Sōnglíng (1640-1715) de

"聊斋 志异"。古文 原文 附后 供 参考。
"Liáozhāi Zhìyì". Gǔwén yuánwén fùhòu gòng cānkǎo.

非常　深奥　玄妙，就　请求　拜　老道　为　师。道士
fēicháng shēn'ào xuánmiào, jiù qǐngqiú bài lǎodào wéi shī. Dàoshi

说：
shuō:

"你　娇生　惯养，恐怕　不　能　吃苦耐劳。"
"Nǐ jiāoshēng guànyǎng, kǒngpà bù néng chī kǔ nài láo."

王　七　说：
Wáng Qī shuō:

"我　能　吃苦。"
"Wǒ néng chī kǔ."

老道的　徒弟不少，　傍晚　时　都聚集在　一起。王
Lǎodàode túdi bù shǎo, bàngwǎn shí dōu jùjízài yīqǐ. Wáng

七　同　他们一一　见了礼。这样，　王　七就在　道观中
Qī tóng tāmen yīyī jiànle lǐ. Zhèyàng, Wáng Qī jiù zài dàoguànzhōng

留了下来。第二　天　一清早，老道　把　王　七叫去，
liúle xialai. Dì'èr tiān yīqīngzǎo, lǎodào bǎ Wáng Qī jiàoqu,

给　他一把斧头，叫　他　跟着　大家去　砍　柴。　王　七
gěi tā yībǎ fǔtóu, jiào tā gēnzhe dàjiā qù kǎn chái. Wáng Qī

恭恭敬敬地　　服从了。
gōnggōngjìngjìngde fúcóngle.

过了一个多月，王　七的　手上　　脚上　都磨起了
Guòle yīge duō yuè, Wáng Qīde shǒushang jiǎoshang dōu móqǐle

厚厚的　一层老茧，他实在　受不了　这种　折磨，
hòuhòude yīcéng lǎo jiǎn, tā shízài shòubùliǎo zhèizhǒng zhémó,

心里起了溜回家去的　念头。
xīnlì qǐle liūhuí jiā qù de niàntou.

一　天　晚上，他回到　道观里，见　有　两个客人
Yī tiān wǎnshang, tā huídào dàoguànli, jiàn yǒu liǎngge kèren

正在　同 师父一起喝酒。天黑了，还 没有 点　灯，
zhèngzài tóng shīfu yīqǐ hē jiǔ. Tiān hēile,　hái méiyou diǎn dēng,

师父拿 一张　纸，剪成　镜子 模样，朝　墙上 一
shīfu ná yīzhāng zhǐ, jiǎnchéng jìngzi múyàng, cháo qiángshang yī

贴。一会儿，那张　纸　象　月亮　一样 把屋子 照得
tiē.　Yìhuěr, nèizhāng zhǐ xiàng yuèliang yīyàng bǎ wūzi zhàode

通亮，　连　针尖 大小的 东西 也 看得　清清楚楚。
tōngliàng, lián zhēnjiān dàxiǎode dōngxi yě kànde qīngqīngchǔchǔ.

徒弟们 跑进　跑出，伺候 他们。
Túdimen pǎojìn pǎochū, cìhou tāmen.

　　一个客人 说："如此 良宵　盛会，理该 众人　同
　　Yīge kèren shuō: "Rúcǐ liángxiāo shènghuì, lǐ gāi zhòngrén tóng

乐才是。"说着，从　桌上　拿起一壶酒，让 徒弟们
lè cái shì." Shuōzhe, cóng zhuōshang náqǐ yīhú jiǔ, ràng túdimen

分喝，还 说 要 尽醉 方 休。王　七心里琢磨，七
fēn hē, hái shuō yào jìn zuì fāng xiū. Wáng Qī xīnlǐ zhuómo, qī

八个徒弟喝一壶酒，哪 能　都 轮得到。徒弟们　找来
bāge túdi hē yīhú jiǔ, nǎ néng dōu lúndedào. Túdimen zhǎolái

大杯 小　碗，抢着　倒 酒喝，惟恐 壶里的酒 让 人
dà bēi xiǎo wǎn, qiǎngzhe dào jiǔ hē, wéikǒng húlide jiǔ ràng rén

倒光了。　但是 你一杯，我 一碗，喝来 喝去，壶里的
dàoguāngle. Dànshi nǐ yībēi,　wǒ yīwǎn, hēlái hē qù,　húlide

酒却一点儿也 没有 减少。　王　七心里暗暗 称 奇。
jiǔ què yīdiǎr　yě méiyou jiǎnshǎo. Wáng Qī xīnlǐ àn'àn chēng qí.

　　又 过了 一会儿，另 一个客人 说：
　　Yòu guòle yìhuěr, lìng yīge kèren shuō:

"承蒙　您赏了一个明月　给我们　照亮，
"Chéngméng nín shǎngle yīge míngyuè gěi wǒmen zhào liàng,

不过，象　这样喝酒太寂寞了，为什么不把嫦娥
búguò, xiàng zhèiyang hē jiǔ tài jìmò le, wèi shénme bù bǎ Cháng'é

请来呢？"他拿起一根筷子，朝　墙上的　月亮
qǐnglái ne?" Tā náqǐ yīgēn kuàizi, cháo qiángshangde yuèliang

扔过去。只见一个美人从　月亮　中　走出来，
rēngguoqu. Zhǐ jiàn yīge měirén cóng yuèliang zhōng zǒuchūlai,

起初还不足一尺长，一落地就跟真人一模一
qǐchū hái bù zú yīchǐ cháng, yī luò dì jiù gēn zhēn rén yī mú yī

样，苗条的身材，纤秀的脖颈，轻盈地跳起霓裳
yàng, miáotiaode shēncái, xiānxiùde bógěng, qīngyíngde tiàoqǐ Nícháng

舞，接着又唱道：
wǔ, jiēzhe yòu chàngdào:

"仙子们，你们都回去了；
"Xiānzǐmen, nǐmen dōu huíqule;

却把我幽禁在　广寒　宫里！"
què bǎ wǒ yōujìnzài Guǎnghán gōngli!"

歌声　清越，象在吹奏着一管　洞箫。
Gēshēng qīngyuè, xiàng zài chuīzòuzhe yīguǎn dòngxiāo.

唱完了，她盘旋而起，跳到桌子上，大家正
Chàngwánle, tā pánxuán ér qǐ, tiàodào zhuōzishang, dàjiā zhèng

看得入神，那美人又复原成了一根筷子。老道
kànde rù shén, nà měirén yòu fùyuánchéngle yīgēn kuàizi. Lǎodào

和客人都哈哈大笑。
hé kèren dōu hāhā dà xiào.

一个客人说：
Yīge kèren shuō:

150

"今宵 真是 高兴，不过 我可不 能 再 喝了。
"Jīnxiāo zhēn shì gāoxìng, búguò wǒ kě bù néng zài hē le.

上 月宫 去给我 送行，好 吗？"
Shàng Yuègōng qù gěi wǒ sòngxíng, hǎo ma?"

三个 人 移动 酒席，慢慢地 进入 月亮 里面。只
Sānge rén yídòng jiǔxí, mànmārde jìnrù yuèliang lǐmiàn. Zhǐ

见 他们 三 人 坐在 月中 喝酒，就 好像 镜中
jiàn tāmen sān rén zuòzai yuèzhōng hē jiǔ, jiù hǎoxiàng jìngzhōng

照 影，连胡子 眉毛 都 看得一 清 二楚。
zhào yǐng, lián húzi méimao dōu kànde yī qīng èr chǔ.

过了 好一会儿，月亮 渐渐 暗下来。徒弟 点上
Guòle hǎo yìhuěr, yuèliang jiànjiàn ànxialai. Túdi diǎnshang

蜡烛 来，那个 道士 独自一 人 坐在 那里，客人 早已
làzhú lai, nèige dàoshi dúzì yī rén zuòzai nàli, kèren zǎo yǐ

不见了。桌子上 还留 有 菜肴、果品， 墙上的
bújiànle. Zhuōzishang hái liú yǒu càiyáo, guǒpǐn, qiángshangde

月亮 不过是镜子一般的 一张 圆 纸而已。
yuèliang búguò shì jìngzi yībān de yīzhāng yuán zhǐ éryǐ.

道士 问 大家："喝够了吗？"
Dàoshi wèn dàjiā: "Hēgòule ma?"

"喝够了。"
"Hēgòule."

喝够了，就 早点儿去 睡 觉 吧，别耽误了 明天
"Hēgòule, jiù zǎo diǎr qù shuì jiào ba, bié dānwùle míngtiān

打 柴 割草。"
dǎ chái gē cǎo."

大家 答应着，退了出去。 王 七心里又 是 高兴，
Dàjiā dāyingzhe, tuìle chūqu. Wáng Qī xīnli yòu shì gāoxìng,

又 是 羡慕，回家的 念头 暂时 打消了。
yòu shì xiànmù, huí jiā de niàntou zànshí dǎxiāole.

又 过了一个月，实在 受不了 那样的 苦，而 道士
Yòu guòle yīge yuè, shízài shòubuliǎo nàyàngde kǔ, ér dàoshi

连 一点 法术 都 不 传授。 王 七 等不得了，去
lián yīdiǎn fǎshù dōu bù chuánshòu. Wáng Qī děngbudé le, qù

向 师父 告辞：
xiàng shīfu gàocí:

"徒弟走了几百里路来 找 仙师 学 道，即使不
"Túdi zǒule jǐ bǎi li lù lái zhǎo xiānshī xué dào, jíshi bù

能 求得 长生 不老 术，如果 随便 教我 点
néng qiúdé chángshēng bù lǎo shù, rúguǒ suíbiàn jiāo wǒ diǎn

什么，也 算 不 白 求 教 一场。而今 两 三个 月
shénme, yě suàn bù bái qiú jiào yīchǎng. Erjīn liǎng sānge yuè

过去了，不外乎早 出 晚 归，打柴割草。我 在 家
guòqule, búwàihū zǎo chū wǎn guī, dǎ chái gē cǎo. Wó zài jiā

时，从来 没有 吃过 这样的 苦。"
shí, cónglái méiyou chīguo zhèiyàngde kǔ."

道士 笑了起来，说：
Dàoshi xiàole qilai, shuō:

我 早就 说过，你是 吃不了苦 的。果 不其然。
"Wǒ zǎo jiù shuōguo, ni shì chībuliǎo kǔ de. Guǒ bù qí rán.

明天 早上 你 收拾收拾 走吧。"
Míngtiān zǎoshang ni shōushishōushi zǒu ba."

王 七 说："我 干了 几个 月 的 活儿，师父 传授
Wáng Qī shuō: "Wǒ gànle jǐge yuède huór, shīfu chuánshòu

点 小 本领，我 这 一趟 也 算 没 白 跑 哇！"
diǎn xiǎo běnlìng, wǒ zhè yītàng yě suàn méi bái pǎo wa!"

道士 问："你 要 学 什么 法术？"
Dàoshi wèn: "Nǐ yào xué shénme fǎshù?"

"我 常 见师父 走路，墙壁 都 阻挡不住，只要
"Wǒ cháng jiàn shīfu zǒu lù, qiángbì dōu zǔdǎngbúzhù, zhíyào

能 学得 这个 法术，我 也 就 心 满 意 足 了。" 道士
néng xuédé zhèige fǎshù, wǒ yě jiù xīn mǎn yì zú le." Dàoshi

笑笑，答应了。
xiàoxiao, dāyingle.

道士 把 咒语 教给他，让 他 自己 念诵。 王 七一
Dàoshi bǎ zhòuyǔ jiāogěi tā, ràng tā zìji niànsòng. Wáng Qī yī

念完，道士 就 喊："进 墙 去！" 王 七 面对着
niànwán, dàoshi jiù hǎn: "Jìn qiáng qù!" Wáng Qī miànduìzhe

墙，不 敢 走进去。道士 说："试试！走进去！" 王
qiáng, bù gǎn zǒujìnqu. Dàoshi shuō: "Shìshi! Zǒujìnqu!" Wáng

七 从容 走 去，碰到 墙 又 给 挡住了。 道士
Qī cōngróng zǒu qù, pèngdao qiáng yòu gěi dǎngzhùle. Dàoshi

说：
shuō:

"要低下头来 闯过去，不要犹豫。"
"Yào dīxia tóu lai chuǎngguòqu, bú yào yóuyu."

王 七退了几步，然后 向 前 猛 跑，跑到 墙
Wáng Qī tuìle jǐbù, ránhòu xiàng qián měng pǎo, pǎodào qiáng

那里，空空的 好像 什么 东西 都 没 有 似的。再
nàli, kōngkōngde hǎoxiàng shénme dōngxi dōu méi yǒu shìde. Zài

回头看，果然 已经 在 墙 外边 了。他 高兴 极了，
huí tóu kàn, guǒrán yǐjīng zài qiáng wàibian le. Tā gāoxìng jíle,

回去 拜谢了师父。 道士 说：
huíqù bàixièle shīfu. Dàoshi shuō:

"回家 以后 要 清心 自重， 否则法术 是 不 会
"Huí jiā yǐhòu yào qīngxīn zìzhòng, fǒuzé fǎshù shì bú huì

灵验 的。"
língyàn de."

道士 给他一些路费， 把他打发回家了。
Dàoshi gěi tā yīxiē lùfèi, bǎ tā dǎfa huí jiā le.

王 七一 到家， 就 吹 牛 说 他 碰到了 神仙，
Wáng Qī yī dào jiā, jiù chuī niú shuō tā pèngdaole shénxiān,

现在 多厚的 墙 都 挡 他不住。他老婆不 相信，
xiànzài duó hòude qiáng dōu dǎng tā búzhù. Tā lǎopó bù xiāngxìn,

王 七就 按照 道士 教 的那一套作起法来， 离开
Wáng Qī jiù ànzhào dàoshi jiāo de nà yītào zuòqǐ fǎ lái, líkāi

墙 几尺远， 向 墙 猛 跑过去， 脑袋 撞到
qiáng jǐchǐ yuǎn, xiàng qiáng měng pǎoguòqu, nǎodai zhuàngdao

硬邦邦的 砖头上， 一下子把他 摔倒在 地上。
yìngbāngbāngde zhuāntóushang, yīxiàzi bǎ tā shuāidǎozài dìshang.

老婆 把他扶起一看， 脑门上 鼓起鹅蛋那么 大的一个
Lǎopó bǎ tā fúqǐ yī kàn, nǎoménshàng gǔqǐ édàn nàme dà de yīge

疙瘩。老婆 嘲笑 他， 他又羞又恼， 只好骂老道
gēda. Lǎopó cháoxiào tā, tā yòu xiū yòu nǎo, zhǐhǎo mà lǎodào

没安好心。
méi ān hǎo xīn.

| 劳山 | Láoshān | Laoshan Mountain, in Shandong province |
| 道士 | dàoshi | Taoist priest |

154

县城	xiànchéng	county town
书生	shūshēng	scholar
排行	páiháng	seniority among brothers and sisters
官僚	guānliáo	bureaucrat
后代	hòudài	descendants; posterity
崇拜	chóngbài	worship; admire
道教	Dàojiào	Taoism
法术	fǎshù	magic arts
仙人	xiānrén	immortal; celestial being
书箱	shūxiāng	box for books
寻访	xúnfǎng	look for; make inquiries about
道观	dàoguàn [*m.w.* 所]	Taoist temple
幽静	yōujìng	quiet and secluded
蒲团	pútuán	cattail hassock; rush cushion
打坐	dǎzuò	(of a Taoist or Buddhist monk) sit in meditation
白发	bái fà	grey hair
披	pī	drape over one's shoulders; dishevelled; in disarray
脖子	bózi	neck
健旺	jiànwàng	healthy and vigorous (usu. of old persons)
豪放	háofàng	bold and uninhibited
同	tóng	like
凡人	fánrén	mortal; ordinary person
上前	shàngqián	step forward
叩见	kòujiàn	kowtow and pay respects to
深奥	shēn'ào	abstruse; profound
玄妙	xuánmiào	mysterious
拜…为师	bài . . .wéi shī	acknowledge sb. as one's master or teacher
娇生惯养	jiāoshēng	pampered since childhood

guànyǎng

恐怕	kǒngpà	I am afraid; perhaps
吃苦耐劳	chī kǔ nài láo	bear hardships and stand hard work
徒弟	túdi	disciple; apprentice
傍晚	bàngwǎn	at dusk
聚集	jùjí	gather; assemble
见礼	jiàn lǐ	give a salute on (first) meeting sb.
一清早	yìqīngzǎo	early in the morning
斧头	fǔtóu	axe
砍柴	kǎn chái	cut firewood
恭敬	gōngjìng	respectful
服从	fúcóng	obey
磨	mó	rub
厚	hòu	thick
茧	jiǎn	callus
折磨	zhémó	torment
起	qǐ	appear
溜	liū	slip
念头	niàntou	intention; thought; idea
黑	hēi	dark
点灯	diǎn dēng	light a lamp
师父	shīfu	master
剪	jiǎn	cut with scissors
镜子	jìngzi	mirror
模样	múyàng	appearance; look; shape
贴	tiē	paste; stick
月亮	yuèliang	moon
照	zhào	shine; light up; illuminate
通亮	tōngliàng	brightly lit
针尖	zhēnjiān	pinpoint
大小	dàxiǎo	size
伺候	cìhou	serve; wait upon

156

良宵	liángxiāo	festive evening; nice evening
盛会	shènghuì	distinguished gathering
理该	lǐ gāi	ought to; should
众人	zhòngrén	everybody; all
同乐	tóng lè	enjoy together
是	shì	right; proper
分	fēn	divide
尽醉方休	jìn zuì fāng xiū	drink one's fill
琢磨	zhuómo	think; consider
轮	lún	take turns
抢着	qiǎngzhe	vie with each other
倒	dào	pour
惟恐	wéikǒng	for fear that; lest
光	guāng	finish; empty
…来…去	…lái…qù	over and over again
减少	jiǎnshǎo	diminish
暗暗	àn'àn	inwardly; to oneself; secretly
称	chēng	say; express
奇	qí	consider sth. strange; queer; marvellous; odd
承蒙	chéngméng	be granted a favour
赏	shǎng	award; bestow a reward
明月	míngyuè	bright moon
照亮	zhào liàng	lighting; illumination
寂寞	jìmò	lonely
嫦娥	Cháng'é	the Moon Goddess
根	gēn	*m.w. for stick*
扔	rēng	throw
美人	měirén	beauty; beautiful woman
起初	qǐchū	at first; at the beginning
足	zú	as much as; enough
尺	chǐ	*chi* = 0.33 m.

落地	luò dì	touch the ground; fall to the ground
一模一样	yī mú yī yàng	exactly alike
苗条	miáotiao	slender; slim
身材	shēncái	figure; stature
纤秀	xiānxiù	fine; elegant
脖颈	bógěng (r)	neck
轻盈	qīngyíng	lithe and graceful
霓裳舞	Nícháng wǔ	Rainbow Cloak Dance
接着	jiēzhe	follow; after that; then
仙子	xiānzǐ	fairy maiden
幽禁	yōujìn	imprison
广寒宫	Guǎnghán gōng	Palace of Vast Coldness (=the Moon)
清越	qīngyuè	clear and stirring
吹奏	chuīzòu	play (wind instrument)
管	guǎn	*m.w. for flute*
洞箫	dòngxiāo	a vertical bamboo flute
盘旋	pánxuán	swirl round; spiral
入神	rù shén	be entranced; be enthralled
复原	fùyuán	restore; rehabilitate
今宵	jīnxiāo	this evening
月宫	Yuègōng	the moon (lit. the Palace of the Moon)
移动	yídòng	move
酒席	jiǔxí	feast
照影	zhào yǐng	reflect one's image
胡子	húzi	beard; moustache
眉毛	méimao	brows
一清二楚	yī qīng èr chǔ	perfectly clear
好一会儿	hǎo yìhuěr	(after) a long while
暗下来	ànxialai	get darker and darker; become dim
蜡烛	làzhú	candle

独自	dúzì	alone; single
不见了	bújiànle	disappear; vanish
菜肴	càiyáo	(cooked) food
果品	guǒpǐn	fruit
圆	yuán	round; circular
耽误	dānwù	delay; hold up
打柴	dǎ chái	gather firewood
割草	gē cǎo	cut grass; mow
退	tuì	retreat; move back
羡慕	xiànmù	admire; envy
暂时	zànshí	for the time being; temporarily
打消	dǎxiāo	give up
传授	chuánshòu	pass on (skill, knowledge, etc.); teach
等不得	děngbudé	can wait no longer
告辞	gàocí	take leave
仙师	xiānshī	immortal master
道	dào	doctrine; method; way
求得	qiúdé	acquire; learn; get
随便	suíbiàn	do as one pleases; any; at random
求教	qiú jiào	ask for advice
场	chǎng	*m.w. for action which lasts a certain period of time*
而今	érjīn	now; but now
不外乎	búwàihū	no more than; not beyond the scope of
归	guī	come back
果不其然	guǒ bù qí rán	as expected; sure enough; just as one expected
收拾	shōushi	pack; get things ready; put in order
干活儿	gàn huór	work; do bodily work
趟	tàng	*verbal m.w.* time

哇	wa	*particle* (= 啊 plus U or AO-ending of the preceding syllable)
墙壁	qiángbì	wall
阻挡	zǔdǎng	stop; obstruct; hinder
心满意足	xīn mǎn yì zú	fully satisfied; be content with
咒语	zhòuyǔ	incantation; spell
念诵	niànsòng	chant; recite; read aloud
面对	miànduì	facing
试	shì	try
从容	cōngróng	unhurried; leisurely
闯	chuǎng	dash; rush; force one's way in
犹豫	yóuyu	hesitate
步	bù	step
猛	měng	abruptly; suddenly; violent
空	kōng	empty
好像…似的	hǎoxiàng…shìde	as if; as though
拜谢	bàixiè	express one's thanks
清	qīng	clear; make clear; aloof from material pursuits
自重	zìzhòng	conduct oneself with dignity
灵验	língyàn	efficacious; effective
路费	lùfèi	travelling expenses
打发	dǎfa	send; send away; dismiss
吹牛	chuī niú	boast
神仙	shénxiān	supernatural being; immortal; celestial bcing
作法	zuò fǎ	resort to magic arts
脑袋	nǎodai	head
撞	zhuàng	bump against; collide
硬邦邦	yìngbāngbāng	very hard; very stiff
砖头	zhuāntóu	brick
脑门	nǎomén	forehead

160

鼓	gǔ	bulge; swell
鹅	é	goose
蛋	dàn	egg
疙瘩	gēda	bump
嘲笑	cháoxiào	ridicule; laugh at
又…又…	yòu...yòu...	both...and...
羞	xiū	feel ashamed
恼	nǎo	angry; irritated
没安好心	méi ān hǎo xīn	harboured evil intentions

The Taoist Priest of Mt. Laoshan*

There was in the county a young scholar named Wang, the seventh scion of an old bureaucratic family, who had admired the magic arts of Taoism from childhood. Hearing that there were many immortals on Mount Laoshan, he set off with a box of books to search for them.

Climbing up the peak of a mountain he saw a Taoist temple set in tranquil surroundings. On a rush cushion a Taoist priest sat meditating. His grey hair hung all the way down his neck and he looked healthy and vigorous, bold and uninhibited, like no ordinary man. Wang the Seventh kowtowed and talked to the priest. He found the latter's instruction very profound and mysterious, so he asked the old priest to be his teacher.

"I'm afraid you are too pampered to be able to stand all the hardships," the priest said.

"I can," Wang the Seventh asserted.

The old priest had quite a number of disciples, who all gathered together at dusk. Wang the Seventh bowed deeply to each of them in greeting, and in this way began his stay at the temple. Early next morning the old priest sent for Wang the Seventh, gave him an axe and told him to go and cut firewood with the others. Wang the Seventh respectfully obeyed.

After more than a month, Wang's hands and feet were covered with thick calluses. Unable to bear this any more, he secretly thought of leaving.

One evening when he came back he found two guests drinking with his master. Though it was already dark, no lamp was lit. The old priest took a piece of paper, cut it into the shape of a mirror and

---

* This story by the famous writer Pu Songling of the Qing dynasty has been translated from the classical *Strange Tales of Liaozhai*. The original text in classical Chinese is attached here for reference.

stuck it up on the wall. After a while the paper began to fill the room with light like bright moonshine, by which even an object the size of a pinpoint could be clearly discerned. The disciples were running back and forth waiting on their master and the guests.

"On a festive evening like this," said one guest, "everyone present should enjoy himself." So saying he took a jug of wine from the table and gave it to the disciples, telling them to drink their fill. Wang the Seventh wondered to himself: how could one jug of wine be enough to go round seven or eight people? The disciples brought cups and bowls and rushed for the jug, afraid that the wine would run out. But to Wang's astonishment, the amount of wine in the jug did not diminish even after several rounds.

A moment later the other guest said, "Thank you for giving us the moonlight, but it's rather dull drinking quietly like this. Why not invite Chang'e, the Moon Goddess, to join us?" He picked up a chopstick and threw it at the moon hanging on the wall. A beautiful woman immediately descended from the moon. Less than a foot tall at first, she assumed the size of a human being upon landing on the ground. Slender and elegant, she gracefully danced *The Rainbow Cloak Dance*. When this was finished she sang:

Oh you immortals! You have all returned home;

but have left me imprisoned in the Palace of Vast Coldness. Her voice was clear and stirring, ringing like the notes of a flute. Having finished, she swirled round and jumped on to the table, and as everyone watched entranced turned back into the chopstick. The old priest and his guests laughed heartily.

"It's been a very pleasant evening," said one of the guests, "but I can't drink any more. Maybe you could give me a send-off party in the Moon Palace?"

So the three men slowly moved their table into the moon. As they sat drinking there, the disciples could see them clearly, even their brows and beards, just like an image in a mirror.

After a long while the moon slowly dimmed. When the disciples brought lighted candles they found the two guests long gone and the old priest sitting there alone. The remains of the meal were still on the table and the moon on the wall was once more a piece of paper shaped like a mirror.

"Have you all had enough to drink?" the priest asked his disciples.

"Yes," they replied.

"In that case, you'd better go to bed early, so you won't be late for

your wood-cutting tomorrow."

Assenting, the disciples withdrew. Full of excitement and admiration, Wang the Seventh temporarily gave up his idea of leaving.

Another month passed. Wang could stand the life no longer, especially as the priest had not taught him any magic. Wang the Seventh couldn't wait any more, so he came to see his master before leaving.

"I travelled several hundred *li* to seek instruction from you, my immortal master. Even if I couldn't learn the secret of longevity, some small magic trick would have made up for my coming here from afar in seeking your advice. But for more than two months, all I've been doing is getting up at daybreak to cut firewood and returning at sunset. I never experienced such hardships when I was at home."

"I said long ago that you wouldn't be able to stand them," said the priest, smiling. "And so it turned out. You can leave tomorrow morning."

"I've been working here for several months. Please teach me just one small trick so that my coming here may not have been in vain."

"Which one then?" asked the priest.

"I've noticed you can go anywhere, even through walls," said Wang the Seventh. "I'll be content to know how to do that." The priest smiled and agreed.

The priest taught Wang a spell which he bade him to repeat. This done he commanded Wang, who was facing a wall, to walk through it. Wang the Seventh, however, dared not.

"Just try," the priest encouraged him.

Wang the Seventh strolled slowly towards the wall but stopped.

"Bend your head and dash through it. Don't hesitate."

Wang backed away a few steps from the wall, then charged it. It seemed to him that there was an empty place before him through which he passed unhindered. Turning round, sure enough, he found himself outside. Overjoyed, he went in to thank his master. The priest said:

"When you go home, be a pure person and conduct yourself with dignity, or this magic of yours won't work."

The priest gave him some travelling expenses and sent him home.

As soon as Wang got back home, he boasted he had met an immortal. Now, he said, no wall could stop him, no matter how thick it was. His wife refused to believe his words. So Wang the Seventh performed the magic arts as the priest had taught him: he backed away a few feet from the wall and ran at it, only to bang his head against the hard bricks and collapse on the ground. His wife, helping him to his

feet, saw a big bump the size of a goose egg swelling up on his forehead. She laughed at him, and he feeling ashamed and angry, could only curse the old priest for harbouring evil intentions.

邑 有 王 生， 行 七， 故 家 子。 少 慕 道， 闻
Yì yǒu Wáng shēng, háng qī,　gù jiā zǐ. Shào mù Dào, wén

劳山 多 仙 人， 负 笈 往 游。
Láoshān duō xiān rén,　fù jí wǎng yóu.

登 一 顶， 有 观 宇， 甚 幽。 一 道 士 坐 蒲 团
Dēng yī dǐng, yǒu guàn yǔ, shèn yōu. Yī dàoshi zuò pútuán

上， 素 发 垂 领， 而 神 观 爽 迈。 叩 而 与 语，
shàng, sù fà chuí lǐng, ér shén guān shuǎng mài. Kòu ér yǔ yǔ,

理 甚 玄 妙。 请 师 之。 道 士 曰：　"恐 娇 惰 不
lǐ shèn xuán miào. Qǐng shī zhī. Dàoshi yuē:　"Kǒng jiāo duò bù

能 作 苦"。 答 言：　"能 之！"
néng zuò kǔ."　　Dá yán:　"Néng zhī!"

其 门 人 甚 众， 薄 暮 毕 集， 王 俱 与 稽 首。 遂
Qí ménrén shèn zhòng, bómù bì jí, Wáng jù yǔ qǐshǒu. Suì

留 观 中。 凌 晨， 道 士 呼 王 去， 授 以 斧， 使
liú guàn zhōng. Língchén, dàoshi hū Wáng qù, shòu yǐ fǔ,　shǐ

随 众 采 樵。 王 谨 受 教。
suí zhòng cǎi qiáo. Wáng jǐn shòu jiào.

过 月 余，手 足 重 茧，不 堪 其 苦，阴 有 归
Guò yuè yú, shǒu zú chóng jián, bù kān qí kǔ, yīn yǒu guī

志。
zhì.

一 夕，归，见 二 人 与 师 共 酌。日 已 暮，尚 无
Yīxī, guī, jiàn èr rén yǔ shī gòng zhuó. Rì yǐ mù, shàng wú

灯 烛。师 乃 剪 纸 如 镜，粘 壁 间。俄 顷，月 明
dēng zhú. Shī nǎi jiǎn zhǐ rú jìng, zhān bì jiān. Eqing, yuè míng

辉 室，光 鉴 毫 芒。诸 门 人 环 听 奔 走。
huī shì, guāng jiàn háo máng. Zhū ménrén huán tīng bēn zǒu.

一 客 曰：“良 宵 胜 乐，不 可 不 同。” 乃 于 案
Yī kè yuē: "Liáng xiāo shèng lè, bù kě bù tóng." Nǎi yú àn

上 取 壶 酒，分 赉 诸 徒，且 嘱 尽 醉。王 自 思：七
shàng qǔ hú jiǔ, fēn lài zhū tú, qiě zhǔ jìn zuì. Wáng zì sī: Qī

八 人，壶 酒 何 能 遍 给？遂 各 觅 盏 盂，竞 饮 先
bā rén, hú jiǔ hé néng biàn jǐ? Suì gè mì àng yú, jìng yǐn xiān

嚼，惟 恐 樽 尽。而 往 复 挹 注，竟 不 少 减。心
jiào, wéi kǒng zūn jìn. Er wǎng fù yì zhù, jìng bù shǎo jiǎn. Xīn

奇 之。
qí zhī.

俄，一 客 曰：“蒙 赐 月 明 之 照，乃 尔 寂 饮，何
E, yī kè yuē: "Méng cì yuè míng zhī zhào, nǎi ěr jì yín, hé

不 呼 嫦 娥 来？” 乃 以 箸 掷 月 中。见 一 美 人，
bù hū Cháng'é lái?" Nǎi yǐ zhù zhì yuè zhōng. Jiàn yī měi rén,

自 光 中 出，初 不 盈 尺，至 地，遂 与 人 等。
zì guāng zhōng chū, chū bù yíng chǐ, zhì dì, suì yú rén děng.

纤 腰 秀 项，翩 翩 作 霓 裳 舞。已 而 歌 曰：
Xiān yāo xiù xiàng, piānpiān zuò Nícháng wǔ. Yǐ ér gē yuē:

"仙 仙 乎,
"Xiān xiān hū,

尔 还 乎,
ěr huán hū,

而 幽 我 于 广 寒 乎!"
ér yōu wǒ yú Guǎng hán hū!"

其 声 清 越, 烈 如 箫 管。歌 毕, 盘 旋 而 起, 跃
Qí shēng qīng yuè, liè rú xiāo guǎn. Gē bì, pán xuán ér qǐ, yuè

登 几 上。 惊 顾 之 间, 已 复 为 箸。三 人 大 笑。
dēng jī shàng. Jīng gù zhī jiān, yǐ fù wéi zhù. Sān rén dà xiào.

又 一 客 曰: "今 宵 最 乐, 然 不 胜 酒 力 矣。其
Yòu yī kè yuē: "Jīn xiāo zuì lè, rán bù shēng jiǔ lì yǐ. Qí

饯 我 于 月 宫 可 乎?"三 人 移 席, 渐 入 月 中。 众
jiàn wǒ yú yuègōng kě hū?" Sān rén yí xí, jiàn rù yuè zhōng. Zhòng

视 三 人 坐 月 中 饮, 须 眉 毕 现, 如 影 之 在
shì sān rén zuò yuè zhōng yǐn, xū méi bì xiàn, rú yǐng zhī zài

镜 中。
jìng zhōng.

移 时, 月 渐 暗。门 人 燃 烛 来, 则 道 士 独 坐,
Yí shí, yuè jiàn àn. Ménrén rán zhú lái, zé dàoshi dú zuò,

而 客 杳 矣。几 上 肴 核 尚 存。壁 上 月, 纸 圆
ér kè yǎo yǐ. Jī shàng yáo hú shàng cún. Bì shàng yuè, zhǐ yuán

如 镜 而 已。
rú jìng éryǐ.

道 士 问 众: "饮 足 乎?"曰: "足 矣。" "足, 宜
Dàoshi wèn zhòng: "Yín zú hū?" Yuē: "Zú yǐ." "Zú, yí

早 寝, 勿 误 樵 苏。"众 诺 而 退。王 窃 欣 慕,
zǎo qǐn, wù wù qiáo sū." Zhòng nuò ér tuì. Wáng qiè xīn mù,

归 念 遂 息。
guī niàn suì xī.

又 一 月，苦 不 可 忍，而 道士 并 不 传 教 一 术。
Yòu yī yuè, kǔ bù kě rěn, ér dàoshi bìng bù chuán jiāo yī shù.

心 不 能 待，辞 曰： "弟子 数 百 里 受 业 仙 师，纵
Xīn bù néng dài, cí yuē: "Dìzǐ shù bǎi lǐ shòu yè xiān shī, zòng

不 能 得 长 生 术，或 小 有 传 习，亦 可 慰 求
bù néng dé cháng shēng shù, huò xiǎo yǒu chuán xí, yì kě wèi qiú

教 之 心。今 阅 两 三 月，不 过 早 樵 而 暮 归，
jiào zhī xīn. Jīn yuè liǎng sān yuè, bù guò zǎo qiáo ér mù guī,

弟子 在 家，未 谙 此 苦"。道士 笑 曰： "我 固 谓 不
dìzǐ zài jiā, wèi ān cǐ kǔ." Dàoshi xiào yuē: "Wǒ gù wèi bù

能 作 苦，今 果 然。明 早 当 遣 汝 行。"
néng zuò kǔ, jīn guǒ rán. Míng zǎo dāng qiǎn rǔ xíng."

王 曰： "弟子 操 作 多 日，师 略 授 小 技，此
Wáng yuē: "Dìzǐ cāo zuò duō rì, shī lüè shòu xiǎo jì, cǐ

来 为 不 负 也"。道士 问： "何 术 之 求？" 王 曰：
lái wéi bù fù yě." Dàoshi wèn: "Hé shù zhī qiú?" Wáng yuē:

"每 见 师 行 处，墙 壁 所 不 能 隔，但 得 此 法 足
"Měi jiàn shī xíng chù, qiáng bì suǒ bù néng gé, dàn dé cǐ fǎ zú

矣。" 道士 笑 而 允 之。
yǐ." Dàoshi xiào ér yǔn zhī.

乃 传 以 诀，令 自 咒，毕，呼 曰： "入 之！" 王
Nǎi chuán yǐ jué, lìng zì zhòu, bì, hū yuē: "Rù zhī!" Wáng

面 墙，不 敢 入。又 曰： "试 入 之！" 王 果 从 容
miàn qiáng, bù gǎn rù. Yòu yuē: "Shì rù zhī!" Wáng guǒ cōngróng

入， 及 墙 而阻。 道士 曰："俯首 骤入， 勿 逡巡！"
rù, jí qiáng ér zǔ. Dàoshi yuē: "Fǔ shǒu zhòu rù, wù qūnxún!"

王 果去 墙 数步， 奔而入， 及墙， 虚若 无物，
Wáng guǒ qù qiáng shù bù, bēn ér rù, jí qiáng, xū ruò wú wù,

回视， 果在 墙 外矣。大喜， 入谢。
huí shì, guǒ zài qiáng wài yi. Dà xǐ, rù xiè.

道士 曰："归宜洁持， 否则不验。" 遂助资斧
Dàoshi yuē: "Guī yí jié chí, fǒu zé bù yàn." Suì zhù zīfú

遣 之归。
qiǎn zhī guī.

抵家， 自诩遇仙， 坚壁所不 能 阻。妻不信。
Dǐ jiā, zì xǔ yù xiān, jiān bì suǒ bù néng zǔ. Qī bù xìn.

王 效其作为， 去 壁 数尺， 奔而入， 头 触 硬
Wáng xiào qí zuò wéi, qù qiáng shù chǐ, bēn ér rù, tóu chù yìng

壁， 蓦然 而踣。妻扶视之， 额 上 坟起如巨 卵 焉。
bì, mòrán ér bó. Qī fú shì zhī, é shàng fén qí rú jù luǎn yān.

妻揶揄之。 王 惭忿， 骂老 道士 之无 良而已。
Qī yéyú zhī. Wáng cán fèn, mà lǎo dàoshi zhī wú liáng éryǐ.

邑	yì	city; county; county town
生	shēng	scholar
行	háng	seniority among brothers and sisters
故家	gù jiā	old (bureaucrat's) family
少	shào	young; when one is (was) young
慕	mù	admire; worship
道	Dào	Taoism; (here:) the magic arts of Taoism

闻	wén	hear
负	fù	carry on one's back
笈	jí	box for books
往	wǎng	go; go to a place
游	yóu	rove around; wander; travel
顶	dǐng	top; mountain top
宇	yǔ	house
甚	shèn	quite; very
幽	yōu	quiet; secluded
素	sù	white
垂	chuí	fall; let fall; hang down
领	lǐng	neck
神	shén	expression; look; spirit
观	guān	appearance
爽	shuǎng	openhearted; healthy; sound
迈	mài	frank and open; outstanding
叩	kòu	kowtow
与	yǔ	with
理	lǐ	reasoning
玄	xuán	abstruse; mysterious
妙	miào	wonderful; subtle
师	shī	teacher; master; to be sb.'s master
之	zhī	him (i.e. the old man)
曰	yuē	say
恐	kǒng	fear that
娇	jiāo	pampered
惰	duò	lazy
作	zuò	labour
苦	kǔ	bear hardships
答	dá	reply; answer
言	yán	say
其	qí	his

门人	ménrén	disciple; pupil; follower
众	zhòng	many; many people
薄暮	bómù	dusk
毕	bì	all; without exception
集	jí	gather
俱	jù	all
稽首	qǐshǒu	give a salute with one's head and hands touching the ground
遂	suì	then
授	shòu	give; hand over
以	yǐ	use; take
采	cǎi	collect
樵	qiáo	cut firewood; collect firewood
谨	jǐn	respectful
余	yú	more than; odd; over
足	zú	foot
重	chóng	layer upon layer
堪	kān	can bear; can endure
阴	yīn	secretly
归	guī	return; go back
志	zhì	idea; intention; will
夕	xī	evening
共	gòng	together
酌	zhuó	drink
暮	mù	evening; late
无	wú	have no; without
灯	dēng	lamp; lantern
烛	zhú	candle
乃	nǎi	then; in this case
如	rú	as; resemble
镜	jìng	mirror
粘	zhān	paste; stick

172

间	jiān	on; in; between; among
俄顷	éqǐng	after a while
明	míng	bright
辉	huī	shine; light up
室	shì	room
鉴	jiàn	shine; illuminate; discern
毫	háo	fine long hair
芒	máng	beard (of barley, oats, etc.)
诸	zhū	various; multitude; many; those
环	huán	encircle; surround
胜	shèng	excellent; extraordinary
乐	lè	happy; joy
案	àn	table
赉	lài	award; give
且	qiě	besides; and
嘱	zhǔ	urge; ask
尽	jìn	to the utmost; to the full
自	zì	by oneself
思	sī	think
何	hé	how
遍	biàn	all over
给	ji	supply; afford
觅	mì	fetch; look for
盎	àng	a wine vessel
盂	yú	jar
饮	yǐn	drink
噍	jiào	empty one's wine vessel
樽	zūn	cup; (here: jar; pot)
挹	yì	scoop up; ladle out
注	zhù	pour
竟	jìng	unexpectedly
少	shǎo	a bit; a little

俄	é	a while; after a while
蒙	méng	receive; meet with
赐	cì	grant; favour
乃	nǎi	as; but
尔	ěr	so; like this; such
寂	jì	solitary; lonely; lonesome
箸	zhù	chopstick
掷	zhì	throw
初	chū	at first; at the beginning
盈	yíng	reach; full
至	zhì	go to
等	děng	equal to
腰	yāo	waist
项	xiàng	neck
翩翩	piānpiān	lightly; trippingly
已	yǐ	finish; end
乎	hū	*particle* (=呢, 吗 or 吧)
尔	ěr	you
还	huán	go back
幽	yōu	imprison
声	shēng	voice; sound
烈	liè	intensity (of sound); strong
跃	yuè	jump
几	jī	table
顾	gù	look (around)
胜	shēng	bear; endure
矣	yǐ	*particle* (= 了 at the end of a sentence)
其	qí	maybe; would you
移	yí	move; shift
视	shì	look
须	xū	beard

174

现	xiàn	appear; clear
移时	yí shí	after quite a while
燃	rán	light; burn; kindle
杳	yǎo	disappear; to be far away
肴	yáo	(cooked) food
核	hé, hú, húr	core; stone; pit
而已	éryí	nothing more; that's all
宜	yí	ought to; should; better
寝	qǐn	go to bed; sleep
勿	wù	don't
误	wù	hold up; delay
苏	sū	cut grass; mow
诺	nuò	(say) yes
窃	qiè	secretly; furtively
欣	xīn	glad; be gratified
息	xī	cease; stop
待	dài	wait
辞	cí	take leave; bid farewell
纵	zòng	even though
慰	wèi	console; comfort
阅	yuè	pass through
谙	ān	have an intimate knowledge of
固	gù	at the beginning; formerly; originally
谓	wèi	say
果	guǒ	really; actually; as expected
然	rán	like this; so; such
当	dāng	should; would
遣	qiǎn	send; dispatch
汝	rǔ	you
行	xíng	go
略	lüè	somewhat; a little

175

技	jì	skill; trick
负	fù	disappoint; fail to live up to
也	yě	*particle*
求	qiú	ask for; beseech
但	dàn	only
允	yǔn	promise; agree
诀	jué	a pithy formula
咒	zhòu	cast a spell; put a spell
面	miàn	face; confront
及	jí	reach; come to
俯首	fǔ shǒu	lower one's head
骤	zhòu	abruptly; suddenly
逡巡	qūnxún	hesitate in marching forward
去	qù	go away from
虚	xū	empty; void
物	wù	thing
喜	xǐ	happy
洁	jié	clean; make clear
持	chí	conduct
否	fǒu	not so; if not
验	yàn	effective
助	zhù	help
资斧	zīfǔ	travelling expenses
抵	dǐ	arrive
诩	xǔ	boast
坚	jiān	hard; solid; strong
效	xiào	imitate
其	qí	his (i.e. the old Taoist master's)
触	chù	touch; bump against
蓦然	mòrán	suddenly
踣	bó	fall; tumble
额	é	forehead

坟	fén	raised; sticking out; protruding
巨	jù	large; enormous
卵	luǎn	egg
焉	yān	*particle*
揶揄	yéyú	ridicule; deride
惭	cán	feel ashamed
忿	fèn	angry
良	liáng	good; kindhearted; goodwill

索　引
INDEX

拼音—汉字—英文词汇表
PINYIN - CHINESE - ENGLISH VOCABULARY

bàixiè	拜谢	express one's thanks	154
bàle	罢了	that's all	131
bàn	办	do; act; work; manage	112
bàn shānyāo	半山腰	half way up the mountain	55
bàndǎotǐ	半导体	transistor; semiconductor	17
bāng	帮	help	125
bāngmáng	帮忙	help	108
bàngwǎn	傍晚	at dusk	148
bāngyōng	帮佣	hired hand	126
bānjī	班机	airliner	39
bǎnxiāng	板箱	chest	127
bànyè	半夜	midnight	82
bào	抱	have one's first child (or grand-child); hold or carry in one's arms	126
bào shí	报时	give the correct time	18
bào xǐxùn	报喜讯	announce good news	84
bǎochí	保持	keep; maintain	95
bǎocún	保存	preserve; keep	66
bàogào	报告	report; make known	40
bǎoguì	宝贵	valuable	31
bāokuò	包括	include; consist of	8
bàowùyuán	报务员	radio operator	40
bàoyǔ	暴雨	rainstorm; torrential rain	49
bāyī	巴依	*bai* — rich man	108
běi	北	north	7
běifāng	北方	north	85
Běijīng	北京	Beijing (Peking)	7
Běijīng shíjiān	北京时间	Peking time; Beijing time	17
bēishāng	悲伤	sad	132
bēiwén	碑文	inscription on a tablet	67
bēn	奔	run; galloping	31
běn	本	this; the given	19
bēnchí	奔驰	speed; run quickly	57
běnlái	本来	original; originally	72
bì	壁	wall; sth. resembling a wall	56

bì	婢	slave girl; servant-girl	125
bì	毕	all; without exception	166
biān	边	edge; side; margin	97
biàn	变	turn (into); change	57
biàn	遍	all over	167
biānhào	编号	serial number	30
biànhuà	变化	change	55
biànlùn	辩论	argue; debate	130
biānshì	边饰	border decoration	31
biǎo	表	watch	20
biǎoshì	表示	show; indicate; express	30
biāozhì	标志	sign; mark	30
biāozhǔn	标准	standard	19
bié jù qíngqù	别具情趣	have a distinctive flavour; with unique charm	56
biérénjiā	别人家	other person; others	125
bìhuà	壁画	mural; fresco	32
bīng	冰	ice	7
bìng	病	sick; ill	40
bìng	并	and; besides	55
bìng bù	并不	by no means; not as might be expected	112
bīng tiān xuě dì	冰天雪地	a world of ice and snow	7
bìngqíng	病情	state of an illness	40
bǐnǐ	比拟	compare; match	85
bīnlín	濒临	border on; be close to	8
Bìxià	陛下	Your Majesty; His (Her) Majesty	105
bó	踣	fall; tumble	170
bōfā	播发	broadcast	18
bógěng (r)	脖颈	neck	150
Bóhǎi	渤海	Bohai Sea	48
bókè	伯克	*bek*	119
bómù	薄暮	dusk	166
bōshí	剥蚀	corrode; denude	67
bōyīnyuán	播音员	announcer	17

bózi	脖子	neck	147
bù	部	*m.w. for film, work of literature, etc.*	74
bù	布	cloth	112
bù	步	step	153
bù fánnán	不烦难	not difficult; not hard	130
bù guān. . .shì	不关…事	have nothing to do with (sb.)	127
bù jiǎ sīsuǒ	不假思索	without thinking	104
bù kě kāijiāo	不可开交	very; awfully; be unable to break away from or extricate oneself from; can't help but	126
bù kě sī yì	不可思议	incredible; inconceivable	75
bú nàifán	不耐烦	grow impatient	129
bú tài	不太	not so; not very	39
bú yào liǎn	不要脸	shameless	108
búduàn	不断	unceasingly; continuous	39
bújiànle	不见了	disappear; vanish	151
bùjǐn	不仅	not only	67
búkuài	不快	unhappy; be in low spirits	129
bùtóng	不同	different; difference	7
búwàihū	不外乎	no more than; not beyond the scope of	152
bùxiǔ	不朽	immortal	96
bùyǐ	不已	again and again; incessantly	67
bùyóude	不由得	cannot but; can't help	128
búzìzai	不自在	feel uneasy; feel ill at ease	129
cā	擦	wipe	40
cái	才	only then	20
cái	才	only	71
cǎi	彩	colour; coloured	56
cǎi	采	collect	166
cǎi huì	彩绘	(coloured) painting	66
cáichǎn	财产	property	72
cáilì	财力	financial capacity; money	125
càiyáo	菜肴	(cooked) food	151
cǎiyòng	采用	adopt; use	18

181

cán	惭	feel ashamed	170
cánbào	残暴	ruthless; brutal	72
cǎnbùrěndǔ	惨不忍睹	cannot bear to see	49
cāngbái	苍白	pale	39
cāngcuì	苍翠	verdant; dark green	95
cānkǎo	参考	reference	75
cǎo	草	draft	130
cǎo mù	草木	grass and trees; vegetation	82
cǎodì	草地	meadow; lawn	94
cāozuò	操作	work; labour	129
cè	测	measure; survey	20
cè	侧	side; flank	30
céngjīng	曾经	at some time in the past	8
chá shì	茶市	tea fair	85
cháhuā	茶花	camellia	85
chǎng	场	m.w. *for action which lasts a certain*	
		period of time	152
Cháng'é	嫦娥	the Moon Goddess	150
Chángjiāng	长江	Changjiang River (Yangtze River)	7
chāngjué	猖獗	be rampant; run wild	72
chángqī	长期	over a long period of time	20
cháo	潮	tide	83
cháo shān	朝山	make a pilgrimage to a temple (on	
		a famous mountain)	67
cháobài	朝拜	pay religious homage to	54
chāoguò	超过	exceed; surpass	9
cháoshī	潮湿	damp; moist	8
cháoxiào	嘲笑	ridicule; laugh at	154
chègǔ	彻骨	to the bones	127
chèn	趁	take advantage of; take	128
chéncí	陈词	present one's views; make a speech	96
chēng	称	say; express	149
chéng	盛	hold; contain	20
chéng	橙	orange; orange colour	57
chéng qiān chéng wàn	成千成万	thousands; tens of thousands	55

chéng qún jié duì	成群结队	in crowds	55
chēngdào	称道	commend; speak approvingly of	67
chéngjiù	成就	achivement	31
chéngkè	乘客	passenger	39
chénglì	成立	establish; founding	19
chénglì	成例	accepted rule	133
chéngméng	承蒙	be granted a favour	150
chéngqing	呈请	present; submit; apply	131
chéngshì	城市	city	18
chéngwùyuán	乘务员	steward; attendant	39
chéngzi	呈子	petition	131
chénlièguǎn	陈列馆	exhibition hall	96
chèntuō	衬托	set off; serve as a foil to	32
chí	池	pool	55
chí	持	conduct	170
chi	尺	*chi* = 0.33m.	150
chǐ bāzhang	吃巴掌	be given a slap	127
chī kǔ	吃苦	bear hardships; suffer	127
chī kǔ nài láo	吃苦耐劳	bear hardships and stand hard work	148
chōng	充	serve as; act as; fill	133
chóng	重	layer upon layer	167
chóng yán	重檐	double-eaved	66
chóngbài	崇拜	worship; admire	147
chǒngchén	宠臣	favourite subject or official	116
Chóngqìng	重庆	Chongqing (city)	9
chōngzú	充足	enough; sufficient	126
chōu	抽	lash; whip	127
chū	出	put up; issue; turn out	30
chū	初	at first; at the beginning	167
chǔ	杵	pestle; stick used to pound clothes in washing	127
chù	处	*m.w. for place, spot, etc.*	49
chù	触	touch; bump against	170
chū mǔtāi	出母胎	be born; leave mother's womb	125
chū rù	出入	come in and go out	82

chū xūhàn	出虚汗	break into a cold sweat	39
chū yuàn	出院	be discharged from hospital	41
chuān	穿	wear; put on	7
chuān	穿	cross; pass through; penetrate	56
chuán	传	transmit; pass; pass on	17
chuān kǒng	穿孔	perforate; perforation	41
chuān liú bù xī	川流不息	flowing past in an endless stream	82
chuǎng	闯	dash; rush; force one's way in	153
chuánshòu	传授	pass on (skill, knowledge, etc.); teach	152
chuántǒng	传统	tradition; traditional	82
chūfā	出发	set off; start off	7
chuī	吹	blow	8
chuí	锤	hammer	29
chuí	垂	fall; let fall; hang down	166
chuī niú	吹牛	boast	154
chuīzòu	吹奏	play (wind instrument)	150
chùlì	矗立	tower over; stand tall and upright	54
Chūnjié	春节	Spring Festival	82
chūntiān	春天	spring	55
chūqī	初期	early period	30
chūshēn	出身	family background	96
chūshòu	出售	sell	85
chǔsǐ	处死	execute; put to death	117
chùsuǒ	处所	place	55
chúxī	除夕	New Year's eve	82
cí	辞	take leave; bid farewell	169
cì	赐	grant; favour	167
cìhou	伺候	serve; wait upon	149
cǐkè	此刻	at this moment; now	130
cíqù	辞去	decline; resign; take one's leave	95
cóng méi	从没	have never	126
cóngcǐ	从此	from this time on; henceforth	129
cóngcóng	淙淙	gurgling	56
cōnglóng	葱茏	luxuriant; luxuriantly green	82

cōngróng	从容	unhurried; leisurely	153
cuīmiánshù	催眠术	hypnotism; mesmerism	128
cùjìn	促进	stimulate; promote; advance	85
cún	存	keep; store; survive	67
cúnzài	存在	exist	112
cūnzhài	村寨	(stockaded) village	72
dá	达	reach	8
dá	答	reply; answer	166
dǎ chái	打柴	gather firewood	151
dà fā léitíng	大发雷霆	fly into a rage	116
dà zhì	大治	great order; run (a country) well; (a country of) peace and prosperity	83
dàchén	大臣	minister (of a monarchy)	116
dàduì	大队	brigade (which comes between the commune and the production teams)	97
dǎfa	打发	send; send away; dismiss	154
Dǎi	傣	Dai nationality (living in Yunnan)	71
dài	待	deal with; treat	71
dài	待	wait	169
dài	代	generation	73
dài	代	take sb.'s place; for; in place of	130
dài kǒuxìn	带口信	take (sb.) an oral message	132
dàifu	大夫	doctor (colloq.)	39
dàizǒu	带走	carry away	48
dàlì	大丽	dahlia	85
dàliàng	大量	a large number of; large quantity	66
dàlù	大陆	continent; land mass	8
dān	单	only; single	131
dàn	淡	light; pale; thin	57
dàn	蛋	egg	154
dàn	但	only	169
dāndāngbùqǐ	担当不起	unable to take on responsibility	132
dāng	当	to be; serve as	72
dāng	当	should; would	169

dàng	当	pawn; put sth. in pawn	127
dāng...shí	当…时	when; at the moment when	39
dāngdài	当代	contemporary	31
dāngdì	当地	this place; local	72
dāngjí	当即	instantly; at once	116
dāngshang	当上	come to work as or serve as (usu. in a new position which is an object of envy to the speaker)	122
dàngtiān	当天	the same day	41
dàngzuò	当做	treat as; look upon as	72
dānjià	担架	stretcher	41
dānrèn	担任	hold the post of; assume the office of	95
dānwù	耽误	delay; hold up	151
Dāo	刀	a surname	71
dāo	刀	knife	128
dào	道	m.w. for doors, gateway, archway, etc.	56
dào	倒	would rather; better; on the contrary	125
dào	倒	pour	149
dào	道	doctrine; method; way	152
Dào	道	Taoism; (here:) the magic arts of Taoism	166
dǎo yī	捣衣	beat clothes (in washing)	127
dàogǎo	稻稿	stalk of grain; straw	125
dàoguàn	道观 (m.w. 所)	Taoist temple	147
dǎoháng	导航	navigation	41
Dàojiào	道教	Taoism	147
dàolǐ	道理	reason	84
dàolù	道路	road; path; way	56
dàoshi	道士	Taoist priest	147
dǎxiāo	打消	give up	152
dàxiǎo	大小	size	140
dàyī	大衣	overcoat	7
dāying	答应	answer; respond	129

dǐng	顶	top; mountain top	166
dìng	定	fix; decide	20
dìng (wéi)	定（为）	set; fix; decide	19
dǐngbù	顶部	top; peak; summit	56
dìngjū xiàlai	定居下来	settle down	73
dìngmíng	定名	name; denominate	20
dīngzhǔ	叮嘱	warn; urge	130
dìpíngxiàn	地平线	horizon	57
dìqiào	地壳	the earth's crust	55
dìqiú	地球	the globe	19
dìqū	地区	region; area	8
dìshì	地势	terrain; physical features of a place	54
dìtú	地图	map	18
dìwáng	帝王	emperor; monarch	54
dìxíng	地形	terrain; topography	8
dìzhǔ	地主	landlord	72
dòng	洞	archway; tunnel; cave; hole	56
dòng	栋	m. w. for house, building, etc.	94
dōng nán bù	东南部	southeast part	8
dòng nù	动怒	flare up; lose one's temper	127
dòng shǒu	动手	begin; get to work	119
Dōngběi	东北	northeast	7
dōngbiān	东边	east	18
dōngfāng	东方	east	57
dōngjì	冬季	winter (season)	8
dōngjīng	东经	east longitude	18
Dōngnán Yà	东南亚	southeast Asia	94
dòngwù	动物	animal	31
dōngxi	东西	thing	104
dòngxiāo	洞箫	a vertical bamboo flute	150
dǒuqiào	陡峭	precipitous	67
dū	都	city; metropolis	9
dù	度	degree	7
duàn	段	section; segment	56
duànjué	断绝	break off; sever	130

duǎnwén	短文	(short) article; essay	18
dǔchǎng	赌场	gambling house; casino	126
dùguò	度过	spend; pass	73
dùjuān	杜鹃	azalea	85
dūn	吨	ton	48
Dūnhuáng	敦煌	in Gansu province, famous for its caves with ancient statues, frescoes and murals	32
duō	多	plenty of; abundance of	8
duó	夺	seize; take by force	72
duò	惰	lazy	166
duōmo	多么	how	98
dùrì	渡日	to make a living	49
dúzì	独自	alone; single	151
dùzi	肚子	stomach	49
é	鹅	goose	154
é	俄	a while; after a while	167
é	额	forehead	170
Eméi shān	峨嵋山	Emei Mountain	9
ēnrén	恩人	benefactor	119
éqǐng	俄顷	after a while	167
ér	而	and; but; yet; then	8
ěr	尔	so; like this; such	167
ěr	尔	you	168
érjīn	而今	now; but now	152
éryǐ	而已	nothing more; that's all	168
...fǎ	…法	method; way	20
fā bìng	发病	(of a disease) come on	41
fā dāi	发呆	stare blankly; be in a trance	130
fā (nüèji)	发（疟疾）	have an attack of (malaria); suffer from (malaria fever)	72
fādá	发达	developed; flourishing	66
fǎlǜ	法律	law	130
fāmíng	发明	invention	31
fān	番	*m.w. time*	127

fān tiān fù dì	翻天覆地	earth-shaking	55
fàncài	饭菜	meal; repast	108
fánduō	繁多	various; numerous	85
fàng	放	blossom; in bloom	82
fàng	放	let off; give out	83
fànguǎn	饭馆	restaurant	108
fángwū	房屋	house	72
fāngxiāng	芳香	aroma	83
fǎnkàng	反抗	resist; revolt	72
fánrén	凡人	mortal; ordinary person	147
fánróng	繁荣	prosperous; booming	82
fànshòu	贩售	sell; peddle	84
fànwéi	范围	range; scope	19
fǎnyìng	反映	reflect	74
fāshēng	发生	occur; happen	49
fǎshù	法术	magic arts	147
fāxiàn	发见	discover (＝发现)	127
fāxíng	发行	issue; put on sale; distribute	29
fāzhǎn	发展	develop; development	19
fázi	法子	way; method	131
fèi xīnsi	费心思	take a lot of trouble	125
fēicháng	非常	very; extremely	49
fēixíng	飞行	fly	7
fēiyuè	飞越	fly over; cross	39
fēn	分	0.5 gram	29
fēn	分	divide	149
fěn	粉	face powder; toilet powder; powder	125
fén	坟	raised; sticking out; protruding	170
fèn	忿	angry	170
fēn (chéng)	分（成）	divide (into)	19
fēnbié	分别	respectively; separately	29
fèndòu	奋斗	fight; struggle	96
fēnfēn	纷纷	one after another; in succession	54
fēng	风	wind	7
fēng	丰	plentiful; abundant; bumper	

		(harvest)	83
fēngfù duō cǎi	丰富多采	rich and colourful	32
fěnhóng	粉红	pink	57
fēnwéi	分为	divide into	20
Fójiào	佛教	Buddhism	67
fǒu	否	not so; if not	170
fú	幅	*m.w. for map, drawing, etc.*	18
fú	扶	support with one's hand	39
fú	伏	bend over; hide	130
fù	付	pay	108
fù	傅	apply (powder)	125
fù	负	carry on one's back	166
fù	负	disappoint; fail to live up to	169
fǔ shǒu	俯首	lower one's head	170
fúcóng	服从	obey	148
fūjiā	夫家	husband's family	125
fùmǔ	父母	father and mother; parent	95
fùnǚ	妇女	woman	74
fúqi	福气	luck; good fortune	125
fùqiáng	富强	prosperous and strong	96
fúshi	服侍	attend; wait upon	132
fùshǔ	附属	attached to; subsidiary	74
fǔtóu	斧头	axe	148
fúwù	服务	serve; service	72
fúxiào	服孝	put on mourning dress	132
fùyuán	复原	restore; rehabilitate	150
fùzá	复杂	complicated	8
gāi	该	should; ought to	7
gǎi	改	transform; revise	20
gài	概	categorically; without exception	131
gǎidào	改道	(of a river) change its course	48
gǎiliángpài	改良派	reformists; reformist group	96
gǎn	赶	drive	72
gàn	干	trunk	97
gàn huór	干活儿	work; do bodily work	152

gǎndào	感到	feel	56
gāng	刚	barely; only just	19
gāngcái	刚才	just; a while ago	17
gāngjìn	刚劲	bold; vigorous; sturdy	67
gǎngwèi	岗位	post	41
gǎnjǐn	赶紧	hasten; lose no time	39
gǎnjué	感觉	feel	39
gānkū	干枯	wither; dry up	97
gǎnrén	感人	touching; moving	74
gǎnyú	敢于	dare to	72
gānzào	干燥	dry; arid	8
gào zhuàng	告状	bring a lawsuit against sb.	108
gāochāo	高超	superb; excellent	67
gāocháo	高潮	climax	57
gàocí	告辞	take leave	152
gāokōng	高空	high altitude	41
gāomíng	高明	qualified; wise; brilliant	71
gāowēn	高温	high temperature	8
gāoyuán	高原	highland; plateau	49
gē	歌	sing (a song)	83
gé	隔	after; at an interval of	131
gè	各	various; every; each	7
gē cǎo	割草	cut grass; mow	151
gè dì	各地	various places; various parts	83
gébì	隔壁	next door	119
gēbo	胳膊	arm	40
gēda	疙瘩	bump	154
gēge	哥哥	elder brother	94
Gélínnízhì shíjiān	格林尼治时间	Greenwich mean time	17
gémìng	革命	revolution	29
gémìngjiā	革命家	revolutionary	31
gēn	根	m.w. for stick	150
gēnběn	根本	(followed by a negative expression) at all; simply	72
gèng	更	more; even more	20

gēnghuàn	更换	change	129
gèngjiā	更加	more; even more	82
gēngniú	耕牛	farm cattle	126
gēnjù	根据	according to; in the light of	18
gēnjùdì	根据地	base area	29
gēnzhe	跟着	follow; after that	117
gèyì	各异	differ from each other	8
gèzì	各自	each	17
gòng	共	in all; altogether	8
gòng	共	together	167
gòng	供	provide	20
gōng nóng	工农	worker and peasant	29
Gòngchǎndǎng	共产党	Communist Party	29
gōngdiàn	宫殿	palace	56
gōngfēn	公分	centimetre	67
gōnggong	公公	husband's father; father-in-law	126
gōnggòng qìchē	公共汽车	bus	94
gōngjìng	恭敬	respectful	148
gōnglǐ	公里	kilometre	8
gōngpó	公婆	parents-in-law	132
gōngqǐng	公顷	hectare	97
gòngxiàn	贡献	contribution	96
gōngxūn	功勋	feats; meritorious service	96
gōngzuò rényuán	工作人员	staff member; working personnel	41
gǔ	鼓	bulge; swell	154
gù	雇	hire	126
gù	顾	look (around)	168
gù	固	at the beginning; formerly; originally	169
gù jiā	故家	old (bureaucrat's) family	166
gù míng sī yì	顾名思义	just as its name implies; as the term suggests	67
guài	怪	strange	75
guāiguāide	乖乖地	obediently; well-behaved	119
guāijué	乖觉	clever; smart; intelligent	130

guān	官	official	119
guān	观	appearance	166
guǎn	管	pay attention	129
guǎn	管	*m.w. for flute*	150
guāng	光	finish; empty	149
guàngài	灌溉	irrigate	97
guǎngbō	广播	broadcast	17
guāngcǎi	光彩	lustre, brilliance	31
guǎngchǎng	广场	public square	84
Guǎnghán gōng	广寒宫	Palace of Vast Coldness (=the Moon)	150
guāngxiàn	光线	ray; light	57
Guǎngzhōu	广州	Guangzhou (Kwangchow, Canton)	7
guānlì	官吏	official	72
guānliáo	官僚	bureaucrat	147
guànxǐshì	盥洗室	washroom; toilet	39
gùbude	顾不得	not give a thought to; give no consideration to	40
gǔdài	古代	ancient times	20
guī	归	come back	152
guī	归	return; go back	167
guǐ	鬼	devil; ghost	71
guì zài	贵在	to be valued for; the important thing is	67
guīdìng	规定	formulate; provide; stipulate	20
guīhuà	规划	plan	49
guìhuā	桂花	osmanthus	85
Guìlín	桂林	Guilin city	39
Guìzhōu shěng	贵州省	Guizhou province	9
gǔjì	古迹	historic site	54
gùjū	故居	former residence	94
guǒ	果	fruit	85
guǒ	果	really; actually; as expected	169
guǒ bù qí rán	果不其然	as expected; sure enough; just as one expected	152

Guó Gòng hézuò	国共合作	cooperation between the Kuomintang and the Communist Party	96
guò nián	过年	celebrate the New Year	84
guò yè	过夜	stay overnight	57
guòchéng	过程	course; process	55
guófáng	国防	national defence	20
guóhuà	国画	traditional Chinese painting	31
guójì	国际	international	18
guójiā	国家	state; country	49
guójìng	国境	territory; border	19
Guómíndǎng	国民党	Kuomintang (Party)	72
guǒpin	果品	fruit	151
guóqìngjié	国庆节	national day	30
guòqù	过去	in the past	41
guóshì	国事	national affairs	95
guówáng	国王	king; padishah	104
gùrán	固然	no doubt; it is true; of course	131
gùshi	故事	story	71
gùshipiān	故事片	feature film	74
gùxiāng	故乡	native village; birthplace	94
gùyì	故意	intentionally; deliberately	112
Hā'ěrbīn	哈尔滨	Ha'erbin (Harbin)	7
hài bìng	害病	contract an illness; suffer from an illness	132
hǎibá	海拔	height above sea level	54
hàipà	害怕	fear	128
hǎitáng	海棠	begonia; crabapple	85
hǎiyáng	海洋	seas; ocean	8
hán	含	contain	48
hán fāng tǔ ruǐ	含芳吐蕊	bloom or be in bud	85
hándài	寒带	frigid zone	8
háng	行	seniority among brothers and sisters	166
hángchuán	航船	passenger boat	128
hángkōng	航空	aviation	30

hánlěng	寒冷	cold	8
Hànyǔ pīnyīn	汉语拼音	Chinese Phonetic (Alphabet)	30
hànzi	汉子	man; fellow	129
háo	毫	fine long hair	167
hǎo yīhuěr	好一会儿	(after) a long while	151
háofàng	豪放	bold and uninhibited	147
hǎojiǔ	好久	long time; for ages	128
háomǐ	毫米	millimetre	9
hǎosì	好似	as if; as though	128
hǎoxiàng	好像	as if; as though	98
hǎoxiàng. . .shìde	好像…似的	as if; as though	153
hǎoyīge	好一个	What a . . . !	56
hàozhào	号召	call; appeal	49
hé	河	river	48
hé	合	jointly; together; in all	67
hé	何	how	167
hé, hú, húr	核	core; stone; pit	168
héchuáng	河床	riverbed	48
hēi	黑	black	112
hēi	黑	dark	149
Hēilóngjiāng	黑龙江	Heilongjiang province	8
hēiyōuyōu	黑黝黝	dark; dim	126
Hénán	河南	Henan province	40
héng	横	horizontal; across	18
hóng	红	red	57
hóngshuǐ	洪水	flood	48
hòu	厚	thick	148
hòu lái jū shàng	后来居上	the new (generation) surpasses the old	98
hòudài	后代	descendants; posterity	147
hòulái	后来	later	97
hòumian	后面	back; behind; rear	30
hòutiān	后天	day after tomorrow	127
hòuzhě	后者	the latter	104
hū	呼	call; shout to	125

hū	乎	*particle* (＝呢，吗 *or* 吧)	168
hú	壶	pot; kettle	20
huā	花	flower	82
huà	话	words; message; talk	29
huà	画	draw	29
huā chá	花茶	scented tea	85
huā shì	花市	flower fair	82
Huáběi	华北	north China	54
huádēng	华灯	coloured lantern	83
huái	怀	bosom	126
huáibào	怀抱	bosom; in sb.'s arms	126
huàjiā	画家	painter	31
huán	环	encircle; surround	167
huán	还	go back	168
huàn	患	suffer from; contract	41
huàn	唤	call; cry; shout	125
huáng	黄	yellow	66
huángdì	皇帝	emperor	67
Huánghé	黄河	Yellow River	48
huánghūn	黄昏	dusk	83
huángtǔ	黄土	loess	49
huānóng	花农	flower grower (peasant)	84
huānyíng	欢迎	welcome	71
Huáqiáo	华侨	overseas Chinese	83
Huáshèngdùn	华盛顿	Washington (D.C.)	18
huáxiào	哗笑	roar with laughter	129
Húběi shěng	湖北省	Hubei province	8
Húdà	胡大	Allah; God	116
húdié	蝴蝶	butterfly	31
hūhuà	呼话	call	40
huī	辉	shine; light up	167
huíhù	迴护	shield; protect; guard	131
huíjué	回绝	refuse; decline	132
huìyì	会议	conference; meeting	18
hún	魂	soul	72

huó	活	live; alive	73
huǒ qiú	火球	fiery ball; ball of fire	57
huódòng	活动	activity	95
huóhuó	活活	alive	72
huóxiàng	活象	be an exact replica of; look exactly like	56
huòzhě	或者	or	113
hūxiào	呼啸	whistle; scream	56
húzi	胡子	beard; moustache	151
jī	几	table	163
jí	极	extremely	55
jí	即	to be; namely	55
jí	即	even if	126
jí	级	step; stage	55
jí	笈	box for books	166
jí	集	gather	166
jí	及	reach; come to	170
jǐ	给	supply; afford	167
jì	计	count; calculate	18
jì	既	now that; since	131
jì	寂	solitary; lonely; lonesome	167
jì	技	skill; trick	169
jì...yòu	既…又	both...and...; as well as	86
jiā	加	add	7
jià	架	*m.w. for wireless set, TV set, aircraft, etc.*	17
jià	架	rack; shelf; stand	83
jià	嫁	(of a woman) marry	125
jiāgōng	加工	process	97
jiāhuo	家伙	fellow; guy	108
...jiān	…间	in; at; within a definite time	48
jiān	间	on; in; between; among	167
jiān	坚	hard; solid; strong	170
jiǎn	剪	cut with scissors	149
jiǎn	茧	callus	148

198

jiàn	涧	ravine; gully	56
jiàn	建	build; construct	96
jiàn	荐	recommend	129
jiàn	鉴	shine; illuminate; discern	167
jiàn lǐ	见礼	give a salute on (first) meeting sb.	148
jiānchí	坚持	uphold; insist on; stick to	96
jiǎndān	简单	simple	125
jiànfāng	见方	square	67
jiāng	将	*preposition, same as* 把 (bǎ)	20
jiāng	将	will; shall; be about to; be going to	112
jiǎng	讲	tell; talk about	18
jiàngdī	降低	lower; drop; reduce	20
jiānglái	将来	future	128
jiàngluò	降落	land; descend; landing	40
jiàngyǔliàng	降雨量	rainfall	9
jiànjiàn	渐渐	gradually; by and by	20
jiǎnjīzhǎng	检机长	check-pilot	41
jiānkǔ	艰苦	hard; arduous; difficult	74
jiànlì qǐlái	建立起来	establish; set up	73
jiǎnshǎo	减少	diminish	149
jiànshè	建设	construct; construction	31
jiàntou	荐头	employment agent	129
jiànwàng	健旺	healthy and vigorous (usu. of old persons)	147
jiànyì	建议	proposal; suggestion	40
jiànyú	鉴于	in view of; seeing that	19
jiǎnzhí	简直	simply; at all	125
jiànzhù	建筑	building; structure; architecture	56
jiāo	娇	pampered	166
jiǎo	角	angle; corner; horn	29
jiào	较	comparatively	40
jiào	叫	cry; shout; bleat	119
jiào	嚼	empty one's wine vessel	167
jiāo péngyou	交朋友	make friends	122
jiǎobù	脚步	step	128

199

jiāoshēng guànyǎng	娇生惯养	pampered since childhood	148
jiǎoxìng	侥幸	by luck, by a fluke	49
jiàoxùn	教训	lesson; teach sb. a lesson	125
jiàoyù	教育	education	73
Jiāqìng	嘉庆	title of reign adopted in 1796 (Qing dynasty)	84
jiàshǐcāng	驾驶舱	flight deck; control cabin; cockpit	40
jiātíng	家庭	family	96
jiāxiāng	家乡	hometown; native place	96
jiāyǐ	夹以	accompanied by; mix; mingle	56
jiāzhī	加之	in addition to this; besides; more-over	85
jíbìng	疾病	disease	73
jīcāng	机舱	cabin; passenger compartment	40
jīchǎng	机场	airport; airfield	7
jīchǔ	基础	basis; foundation	84
jīdòng	激动	stir; excite	96
jié	洁	clean; make clear	170
jiéchū	杰出	outstanding	31
jiēdào	接到	receive	41
jiēduàn	阶段	stage; phase	66
jiěfàngqū	解放区	liberated area	29
jiégòu	结构	structure; construction	66
jiějué	解决	solve	97
jiérì	节日	festival; holiday	84
jiēshàng	接上	put a graft on	97
jiēzhe	接着	follow; after that; then	150
jìfēng	季风	monsoon; seasonal wind	7
jīhū	几乎	almost; nearly	9
jìlù	纪录	record	8
jìmò	寂寞	lonely	150
jǐn	仅	only; merely	48
jǐn	谨	respectful	166
jìn	近	near	39
jìn	尽	finish	82

jìn	尽	to the utmost; to the full	167
jīn bì huīhuáng	金碧辉煌	(of a building) looking splendid in green and gold	56
Jīn-Pǔtiělù	津浦铁路	Tianjin-Pukou Railway	57
jǐn yǒu	仅有	only; sole	72
jìn zuì fāng xiū	尽醉方休	drink one's fill	149
jìng	竞	compete; vie with each other	82
jìng	镜	mirror	167
jìng	竟	unexpectedly	173
Jīngāng Jīng	金刚经	Diamond Sutra	67
jīngcháng	经常	frequently; often	74
jìngdì	境地	condition; circumstances	129
jīngdòng	惊动	alarm; disturb; startle	119
jīngdù	经度	longitude	18
jīngguò	经过	pass	128
jīngjì	经济	economy	19
jǐngkuàng	景况	situation; circumstances	97
jīnglì	经历	undergo; go through; experience	7
jìngnèi	境内	within the boundaries of	54
jīngquè	精确	accurate; precise	20
jǐngsè	景色	scenery; view; landscape	54
jīngwén	经文	text of a scripture	67
jǐngwù	景物	scenery	55
jīngxiàn	经线	longitude	19
jìngzi	镜子	mirror	149
jìniàn	纪念	commemorate; mark; souvenir	30
jìniànrì	纪念日	anniversary	30
jīnjú	金桔	kumquat	84
jīnqián	金钱	money	104
jīnxiāo	今宵	this evening	151
jìnxiū	进修	engage in advanced studies	74
jíqìng	吉庆	good luck; auspicious; happy	84
jìrán	既然	since; now that; as	116
jíshí	及时	promptly; in time; without delay	41
jíshǐ	即使	even; even if; even though	128

jíshì	集市	fair; market	82
jìshù	记述	record and narrate	55
jísù	急速	rapidly; at high speed	41
jìsuàn	计算	calculate; count	19
jiū	揪	grab; seize; hold tight	108
jiù	救	save	119
jiù mìng	救命	save sb.'s life; Help!	119
jiù shì shuō	就是说	that is; it means	104
jiùhùchē	救护车	ambulance	41
jiūjìng	究竟	exactly; after all; in the end	122
jiǔxí	酒席	feast	151
Jiǔyuè	九月	September	8
jíwéi	极为	extremely; very	56
jīxièshī	机械师	machinist; (flight) engineer	41
jíyóu	集邮	stamp collecting; philately	29
jíyóuzhě	集邮者	stamp-collector; philatelist	29
jìzǎi	记载	record; account; put down in writing	48
jīzhǎng	机长	crew commander	41
jízhōng	集中	concentrate; put together	74
jīzǔ rényuán	机组人员	crew members	40
jú	桔	tangerine	85
jù	据	according to	48
jù	俱	all	166
jù	巨	large; enormous	170
jù shí	巨石	huge rock	67
jū zhōng	居中	to be in the middle; directly over	19
jùbèi	具备	possess; be provided with	85
jùdà	巨大	great; huge; enormous	18
jùdiao	锯掉	cut (off) with a saw	97
jué	诀	a pithy formula	169
jué dàduōshù	绝大多数	the overwhelming majority	82
jué kǒu	决口	(of a dyke, etc.) be breached; burst	48
jué sì	绝嗣	without offspring	126
juédǐng	绝顶	extreme top	57

202

juédìng	决定	decide; decision	19
juéduì	绝对	absolute	8
júhuā	菊花	chrysanthemum	85
jùjí	聚集	gather; assemble	148
jùjīn	距今	from today; ago	84
jùjué	拒绝	refuse	108
jùyǒu	具有	possess; have	32
kāi kǒu	开口	start to talk; open one's mouth	129
kāi wánxiào	开玩笑	make a joke; joke	116
kān	堪	can bear; can endure	167
kǎn chái	砍柴	cut firewood	148
kāngkǎi	慷慨	vehement; fervent	96
kào	靠	near; by; lean against	17
kàobàng	靠傍	rely on; depend on	128
kāzī	喀孜	*cadi* — judge	108
kě	可	can	9
kě	可	but	104
kè	刻	carve	67
kěhèn	可恨	hateful	126
kèjī	客机	passenger plane	39
kělián	可怜	pitiable; poor	109
kěn	肯	be willing to; agree	72
kěnéng	可能	probable; possible; maybe	7
kètīng	客厅	drawing room	84
kēxué	科学	science	20
kēxuéyuàn	科学院	academy of sciences	74
kōng	空	empty	153
kǒng	孔	hole	20
kǒng	恐	fear that	166
Kǒng Miào	孔庙	Confucian Temple	67
kǒngpà	恐怕	I am afraid; perhaps	148
kōngxū	空虚	empty; hollow	130
kǒu	口	mouth; mouthful	39
kòu	叩	kowtow	166
kòu màozi	扣帽子	put a label on (sb.)	72

kǒudai	口袋	bag	109
kòujiàn	叩见	kowtow and pay respects to	147
kū	枯	wither	97
kǔ	苦	bear hardships	166
kuà	跨	cut across; stride	8
kuàibù	快步	walk quickly or hurriedly	40
kuān	宽	wide	66
kuàngqiě	况且	moreover; besides	128
kuìyáng	溃疡	ulcer	41
kuòjiàn	扩建	extend (a building, factory, etc.)	66
kuòyīnqì	扩音器	megaphone; public address system	40
lài	赉	award; give	167
lái...qù...	来…去…	over and over again	149
lái...wǎng...	来…往…	come and go; to and fro	82
láilín	来临	arrive; come	83
lán	蓝	blue	112
láng	狼	wolf	119
Lǎo (Gāo)	老（高）	Old (Gao)	41
lǎobǎixìng	老百姓	common people	72
lǎodà	老大	very	129
lǎojiā	老家	native place; old home	94
lǎonóng	老农	old peasant	97
Láoshān	劳山	Laoshan Mountain, in Shandong province	147
làzhú	蜡烛	candle	151
lè	乐	happy; joy	167
lí	离	be away from	18
lǐ	理	reasoning	166
li	哩	*particle*	122
lǐ gāi	理该	ought to; should	149
lí hūn	离婚	divorce	130
Li Shízhēn	李时珍	Li Shizhen	31
liǎ	俩	two	73
liǎn	脸	face	57
liándāo	镰刀	sickle	29

liànfèi	验费	funeral expenses	133
liáng	良	good; kindhearted; goodwill	170
liàng	量	capacity; quantity; volume; amount	48
liángshi	粮食	grain	97
liángshuǎng	凉爽	pleasantly cool	56
liángxiāo	良宵	festive evening; nice evening	149
liǎnsè	脸色	complexion; look	39
liánxùgǎn	连续感	sense of continuity	66
liǎobuqǐ	了不起	wonderful; amazing; extraordinary	122
liǎojú	了局	outcome; final result	127
liáokuò	辽阔	vast; extensive	8
lìdài	历代	past dynasties	54
liè	烈	intensity (of sound); strong	168
lièrì	烈日	scorching sun	56
lìhai	厉害	serious	40
lìjí	立即	immediately	40
líkāi	离开	leave	41
lìkè	立刻	immediately; at once	40
lìliang	力量	force	57
lǐng	领	lead; usher	55
lǐng	领	look after; raise; bring up	126
lǐng	领	neck	166
lìng	另	another; other	8
lìng rén	令人	make one; make people	67
língchén	凌晨	before dawn; early in the morning	82
língdiǎn	零点	zero hour	18
língdù	零度	zero degree	19
lǐnghángyuán	领航员	navigator	41
lǐngtǔ	领土	territory	8
língxià	零下	below zero	7
língyàn	灵验	efficacious; effective	154
língyòng	零用	miscellaneous expenses	125
línjìn	邻近	neighbouring; nearby	54
línshí	临时	provisional; temporary	95
lìrú	例如	for instance; for example	30

lìshi	历史	history	20
liū	溜	slip	148
liú	流	flow	48
liú	留	keep sb. where he is; remain	125
liúluò	流落	to wander about destitute	49
liúshī	流失	erosion	49
liúxià	留下	**leave**	54
liúxíng	流行	prevalent; spread; epidemic	72
liúyù	流域	river valley or basin	48
lìyòng	利用	make use of; utilize	72
lóng	龙	dragon	29
lóngdōng	隆冬	midwinter	82
lǒngzhào	笼罩	envelop; shroud	9
lóngzhòng	隆重	solemn; grand	84
lòu	漏	leak; drop	20
lóufáng	楼房	a building (of two or more storeys)	67
lóugé	楼阁	a two- or multi-storeyed pavilion	56
lòuhú	漏壶	water clock; clepsydra; hourglass	20
lǜ	绿	green	112
lù	露	reveal; show	57
lù (xia)	录（下）	record	17
Lǔ Xùn	鲁迅	Lu Xun	31
luǎn	卵	egg	170
lǚchéng	旅程	route; journey; itinerary	56
lüè	略	somewhat; a little	169
lùfèi	路费	travelling expenses	154
lǚguǎn	旅馆	hotel	57
lún	轮	take turns	149
lùnbudìng	论不定	perhaps; maybe	129
Lúndūn	伦敦	London	18
lùnqíng	论情	in the ordinary course of events	131
luò dì	落地	touch the ground; fall to the ground	150
luòhòu	落后	backward	72
luòyì bù jué	络绎不绝	in an endless stream	55
lǜsè	绿色	green colour; green	56

lùyīn	录音	tape recording	96
lùyīnjī	录音机	sound recorder	17
mǎ	马	horse	31
mài	迈	frank and open; outstanding	166
mǎn	满	run out; expire	130
mǎn mù línláng (or: línláng mǎn mù)	满目琳琅 （琳琅满目）	a feast for the eyes	85
máng	芒	beard (of barley, oats, etc.)	167
mánglù	忙碌	busy	125
mànyóu	漫游	roam; wander; go on a pleasure trip	54
mǎnzú	满足	contented; satisfied	128
màomì	茂密	thick; dense	95
mǎshàng	马上	at once	40
méi	枚	*m.w. for stamp, coin, etc.*	30
měi	每	every; each; per	48
méi ān hǎo xīn	没安好心	harboured evil intentions	154
měi bú shèng shōu	美不胜收	so many beautiful things that one simply cannot take them all in	83
méiguì	玫瑰	rose	85
Měiguó zhī yīn	美国之音	Voice of America	17
méihuā	梅花	plum blossom	85
měihuà	美化	beautify; embellish; prettify	86
méimao	眉毛	brows	151
měirén	美人	beauty; beautiful woman	150
mén	门	family; a branch of a family	126
méng	蒙	receive; meet with	167
měng	猛	abruptly; suddenly; violent	153
mèng	梦	dream	129
ménrén	门人	disciple; pupil; follower	166
mǐ	米	metre	41
mì	觅	fetch; look for	167
miàn	面	face; confront	169
miǎnde	免得	so as to avoid; so as not to	125
miànduì	面对	facing	153

miànjī	面积	area	54
miànzhí	面值	face value; denomination; nominal value	29
miào	庙	temple	55
miào	妙	wonderful; subtle	166
miáotiao	苗条	slender; slim	150
mímàn	弥漫	fill the air; spread all over the place	57
míng	名	*m.w. for doctor, technician, etc.*	74
míng	明	bright	167
míng(huà)	名（画）	famous (painting)	31
míngbai	明白	understand; know	112
Míngcháo	明朝	Ming dynasty (1368-1644)	31
mìngyìng	命硬	ill-starred; predestined to bring bad luck to his or her near kin	126
míngyuè	明月	bright moon	150
mínháng	民航	civil aviation	39
mínyòng	民用	for civil use; civil	20
mínzhǔ	民主	democracy	30
mínzhǔ gémìng	民主革命	democratic revolution	96
mínzú	民族	nation; national	32
míxìn	迷信	superstition	72
mó	磨	rub	148
mó jiān jiē zhǒng	摩肩接踵	jostle each other in a crowd; rub shoulders with others in an endless stream of people	83
mò míng qí miào	莫名其妙	be baffled; be unable to make head or tail of sth.	126
mófàn	模范	model; fine example	31
mòrán	蓦然	suddenly	170
mòshōu	没收	confiscate; expropriate	72
móuqiú	谋求	seek; strive for	96
Mòxigē	墨西哥	Mexico	40
móyǎ	摩雅	*in Dai language:* doctor	71
mù	慕	admire; worship	166
mù	暮	evening; late	167

mǔdān	牡丹	peony	85
mǔjiā	母家	a married woman's parents' home	131
mùqián	目前	at present	84
mǔqin	母亲	mother	71
múyàng	模样	appearance; look; shape	149
na	呐	*partiele*	7
nǎi	乃	then; in this case	167
nǎi	乃	as; but	167
nàme	那么	so; that	17
nán	南	south	8
nán lù	南麓	southern foot of a mountain	55
nánfāng	南方	south; area south of the Changjiang (Yangtze) River	82
nánguài	难怪	understandable; no wonder	83
nánzhōngyīn	男中音	baritone	17
nǎo	恼	angry; irritated	154
nǎodai	脑袋	head	154
nǎomén	脑门	forehcad	154
nàyàng	那样	like that; so; such	113
nèi	内	in; inside	55
nèiróng	内容	content	30
nǐ zěnme la	你怎么啦	What's the matter with you?	104
niándài	年代	years; a decade of a century	30
niánjì	年纪	age	71
niánjiān	年间	in the years of; period (in history)	84
niánjié	年节	(lunar) new year festival	84
niánqīng	年轻	young	17
niànsòng	念诵	chant; recite; read aloud	153
niàntou	念头	intention; thought; idea	148
niányòu	年幼	young	128
Nícháng wǔ	霓裳舞	Rainbow Cloak Dance	150
níshā	泥沙	silt	48
nóngcūn	农村	village; rural	29
nónghòu	浓厚	heavy; strong	17
nóngtián	农田	farmland	97

nú	奴	slave; servant	125
nǔ	女	woman; female	17
nuǎn	暖	warm	83
nǔchéngwùyuán	女乘务员	stewardess	39
nüèji	疟疾	malaria	72
nǔlì	努力	effort	74
nuò	诺	(say) yes	168
nǔzhōngyīn	女中音	mezzo-soprano	17
Ou (zhōu)	欧（洲）	Europe	8
ōugē	讴歌	sing the praises of; celebrate in song	54
pádòng	爬动	crawl; creep	57
pāi diànyǐng	拍电影	make a film	74
páiháng	排行	seniority among brothers and sisters	147
pān	攀	climb	54
pán	盘	plate	57
pándào	盘道	winding mountain paths	55
pánxuán	盘旋	swirl round; spiral	150
pèihé	配合	coordination	41
pén	盆	pot	84
péndì	盆地	basin	8
pèngbuqǐ	碰不起	touchy; be quick to take offence	123
pénhuā	盆花	potted flower	85
pī	披	drape over one's shoulders; dishevelled; in disarray	147
pí	皮	fur; leather	7
pí	匹	*m.w. for horse*	56
piān	篇	*m.w. for article, writing, etc.*	18
piàn	片	*m.w. used in depicting vast scenes*	83
piānpiān	翩翩	lightly; trippingly	167
piāo	飘	flutter; wave; float	56
píng	平	flat	54
píngděng	平等	equal; equality	125
píngfāng gōnglǐ	平方公里	square kilometre	49
píngfāng mǐ	平方米	square metre	66

píngjūn	平均	average; by an average of	8
píngwěn	平稳	smooth	41
píngyuán	平原	plain	54
pínqióng	贫穷	poor	96
pípa	琵琶	*pipa*, a plucked string instrument	71
Pípa guǐ	琵琶鬼	"Pipa devil"; delirium devil	71
pòfèi	破费	spend money	125
pópo	婆婆	husband's mother; mother-in-law	126
pū bí	扑鼻	assail the nostrils	83
pùbù	瀑布	waterfall	56
pǔshí wú huá	朴实无华	simple and unadorned	67
pútuán	蒲团	cattail hassock; rush cushion	147
qí	齐	simultaneously; all at once	83
qí	奇	consider sth. queer, odd, strange	149
qí	其	his	166
qí	其	maybe; would you	168
qí	其	his (i.e. the old Taoist master's)	170
qí	起	appear	148
qì	气	air	126
qǐ chuáng	起床	get out of bed	57
qiān (qián)	千（钱）	a string of one thousand cash	132
qiǎn	浅	(of colour) light	57
qiǎn	遣	send; dispatch	169
qiān hóng wàn zǐ (or: wàn zǐ qiān hóng)	千红万紫（万紫千红）	blaze of colour	83
qián jǐ nián	前几年	the preceding years	97
qiánbì	钱币	coin	108
qiáncāng	前舱	forward cabin	39
qiánfāng	前方	in front of; ahead	96
qiāng	腔	*m.w. for emotion, feeling, enthusiasm, etc.;* cavity	131
qiáng	墙	wall	17
qiángbì	墙壁	wall	153
qiǎngjiù	抢救	give emergency treatment; rescue	40
qiángliè	强烈	strong	32

qīngxīn	清新	fresh; fresh and cool	56
qīngyíng	轻盈	lithe and graceful	150
qīngyōu	清幽	secluded and quiet	55
qíngyuàn	情愿	willing	130
qīngyuè	清越	clear and stirring	150
qīnqiè	亲切	kind; cordial	71
qióngkùn	穷困	poverty-stricken	96
qíshí	其实	in fact; as a matter of fact	19
qìshì pángbó	气势磅礴	powerful; of great momentum	67
qìshóu	稽首	give a salute with one's head and hands touching the ground	166
qítā	其他	other	41
qiú	求	ask for; beseech	169
qiú jiào	求教	ask for advice	152
qiú yī	求医	seek a doctor's help; send for a doctor	72
qiúdé	求得	acquire; learn; get	152
qiūtiān	秋天	autumn	55
qiūyìn	蚯蚓	earthworm	57
qìwēn	气温	air temperature	7
Qīyuèfen	七月份	July	8
qízhōng	其中	among which; in which	30
qū	区	zone; region	19
qǔ	曲	song	83
qǔ	取	take; get	112
qǔ	娶	take wife	126
qù	去	go away from	170
quánbù	全部	all; total; completely	66
quáncháng	全长	total length	48
quánnián	全年	annual; the whole year	8
quánshuǐ	泉水	spring water	55
quányù	痊愈	be fully recovered	41
qǔdé	取得	obtain; acquire	49
qǔdé	取得	achieve; gain	95
quē	缺	lack	105

què	却	but; yet	55
quèdìng	确定	fix; determine	19
quēfá	缺乏	lack; be short of	85
quēshǎo	缺少	lack; be short of	105
quèshí	确实	actually; indeed	82
Qūfù	曲阜	Qufu county	67
qún	群	group	66
qūnxún	逡巡	hesitate in marching forward	170
rán	燃	light; burn; kindle	168
rán	然	like this; so; such	169
rǎn	染	dye	112
rǎnfāng	染坊	dyeing shop	112
rǎng	嚷	yell; shout	129
rè	热	hot	8
rèdài	热带	tropical; the torrid zone	94
rèn	任	*m.w.* times (in holding a certain post)	95
rènao	热闹	lively; bustling with noise and excitement	82
rēng	扔	throw	150
réng	仍	still	95
rénjia	人家	others	125
rénmín gōngshè	人民公社	people's commune	97
rěnnài	忍耐	restrain oneself; exercise patience	128
rènshi	认识	know; recognize	71
rénwù	人物	figure; personage	31
rènwù	任务	task; duty	41
rénzhǒngxuéjiā	人种学家	ethnologist	75
rì	日	day; sun	20
rìchū	日出	sunrise	57
rìguī	日晷	sundial	20
rìqī	日期	date	116
rìzi	日子	day; date	113
róngshù	榕树	banyan tree	97
róngyì	容易	easy	104

214

róuruǎn	柔软	soft; snug	126
rú	如	as; for instance; like	8
rú	如	as; resemble	167
rǔ	汝	you	169
rù	入	enter	48
rù shén	入神	be entranced; be enthralled	150
rúcǐ	如此	like this; so; such	9
rújīn	如今	now	126
rùkǒu	入口	entrance	56
ruò	若	if	129
sàn	散	break up; disperse	82
sān cóng sì dé	三从四德	the Three Degrees of Dependence (upon her father; upon her husband; upon her son) and the Four Virtues (right behaviour; proper speech; proper manner; proper employment) befitting a woman in feudal China	125
Sānyuè	三月	March	8
sècǎi	色彩	colour	32
shā	沙	sand	48
shā	纱	gauze; yarn	56
shāfā	沙发	sofa; settee	17
shānding	山顶	mountain top; summit	57
Shāndōng shěng	山东省	Shandong province	54
shǎng	赏	award; bestow a reward	150
shàng	上	reach	126
shàng	尚	yet; still	67
shàng bān	上班	go to work; start work	19
shàng chuán	上船	go aboard	128
shàng shì	上市	appear on the market	85
shàng shù	上树	climb a tree	97
shāng xīn	伤心	sad	126
shàngkōng	上空	overhead; in the sky	39
shàngmian	上面	above	19

shàngqián	上前	step forward	147
shàngyóu	上游	upper reaches	48
shānjiǎo	山脚	the foot of a hill or mountain	54
shānquán	山泉	mountain spring	55
shānyá	山崖	cliff; precipice	67
shǎo	少	a bit; a little	167
shào	少	young; when one is (was) young	166
shāodiào	烧掉	burn up	72
shǎoshù mínzú	少数民族	national minority	74
shāpán	沙盘	a plate of sand; sand table	57
shé	折	broken; snap; break	130
shè	射	send out (light); shoot	57
shěbude	舍不得	hate to part with	130
shèhuìzhǔyì	社会主义	socialism	31
shéi...shéi...	谁…谁…	whoever; anyone who	72
shēn	深	deep	56
shēn	深	(of colour) dark; deep	57
shén	神	expression; look; spirit	166
shèn	甚	quite; very	166
shēn'ào	深奥	abstruse; profound	148
shēncái	身材	figure; stature	150
shēng	生	give birth to; bear; to be born	73
shēng	生	scholar	166
shēng	声	voice; sound	168
shēng	胜	bear; endure	168
shěng	省	economize; save	126
shèng	胜	excellent; extraordinary	167
shēng qì	生气	to be angry with	128
shēngchǎnduì	生产队	production brigade	86
shēnggāo	升高	raise; rise	48
shěnghuì	省会	provincial capital	20
shènghuì	盛会	distinguished gathering	149
shēnghuó	生活	life	31
shēngjī bóbó	生机勃勃	full of life; full of vitality	95
shènglì	胜利	victory	95

216

shēngmìng	生命	life	73
shēngpíng	生平	all one's life; biographical	96
shēngqǐ	升起	rise	57
shēngxiǎng	声响	noise; sound; clink	108
shēngyīn	声音	voice	17
shēngzhǎng	生长	grow	31
shēnjià	身价	the selling price of a slave	133
shénmíng	神明	gods; deities; divinities; fetish	54
shénqí	神奇	magical; miraculous	57
shénxiān	神仙	supernatural being; immortal; celestial being	154
shēnzhāng zhèngqì	伸张正气	uphold justice	73
shènzhì	甚至	to go as far as to; even	49
Shèshì	摄氏	centigrade (C)	7
shī	湿	wet	8
shī	施	use; apply	125
shī	师	teacher; master; to be sb.'s master	166
shí	拾	pick up (from the ground); collect	125
shǐ	使	make; cause; render; enable	8
shì	式	style	67
shì	是	right; proper	149
shì	试	try	153
shì	室	room	167
shì	视	look	168
shì. . . (de) yàngzi	是…（的）样子	about; nearly; around	7
shǐ jìn	使劲	exert all one's strength	119
shǐ xìngzi	使性子	lose one's temper; wilful; self-willed	128
shíbēi	石碑	stone tablet; stele	66
shíchā	时差	time difference	19
shíchen	时辰	ancient Chinese unit of time, =2 hours	20
shí'èrzhǐcháng	十二指肠	duodenum	41
shífāng	石坊	stone archway	56
shífēn	十分	very; fully	66

shīfu	师父	master	149
shìjì	世纪	century	20
shǐjiàn	始建	begin to build	66
shìjiàn	事件	event; incident	30
shìjiè	世界	world; universal	18
shíkè	石刻	stone inscription	67
shìnèi	市内	city proper; downtown; inside a city	84
shíqū	时区	time zone	18
shìshí	事实	fact	131
shìyàng	式样	style; model	95
shìyè	事业	undertakings; facilities; enterprise	74
shìyìng	适应	suit; fit	19
shìyòng	使用	use; apply	20
shǐyú	始于	begin at; start from	55
Shíyuè	十月	October	8
shízài	实在	in fact; really	126
shīzuò	诗作	poem	54
shǒu	守	keep watch; observe	20
shǒu	手	hand	40
shòu	寿	longevity; age	83
shòu	授	give; hand over	166
shòu qi	受气	suffer wrong; take the rap	128
shòu zāi	受灾	be hit by calamity	49
shǒudū	首都	capital	20
shōuliú	收留	take sb. in	73
shōurù	收入	income	86
shōushi	收拾	pack; get things ready; put in order	152
shǒushù	手术	(surgical) operation	41
shōuyīnjī	收音机	receiver; radio	17
shú	赎	redeem; take out (of pledge)	127
shǔ	数	be reckoned as (the most)	56
shù	数	number	30
shù (bǎi)	数（百）	several (hundred)	56
shū xuè	输血	blood transfusion	40
shuāi	摔	fall; tumble; plunge	116

shuǎng	爽	openhearted; healthy; sound	166
shūfǎ	书法	calligraphy	31
shūfáng	书房	study	95
shūfu	舒服.	well; comfortable	39
shùfù	束缚	yoke; tie	57
shūguì	书柜	bookcase	95
shùhào	数号	numeral indicating the number of (stamps in the given set)	30
shuǐ	水	water	20
shuǐdiànzhàn	水电站 (*m.w.* 座)	hydropower station	97
shuǐkù	水库	reservoir	97
shuǐmiàn	水面	water surface	20
shuǐtǔ	水上	water and soil	49
shuǐxiān	水仙	narcissus	85
shúliàn	熟练	skilled; practised	41
shùlín	树林	grove; woods	97
shùmiáo	树苗	sapling	94
shuōbushànglái	说不上来	cannot say exactly	122
shūshēng	书生	scholar	147
shūxiāng	书箱	box for books	147
shǔyú	属于	belong to	66
shūzhuō	书桌	writing desk	95
sī	丝	trace; a threadlike thing	57
sī	思	think	167
Sìchuān shěng	四川省	Sichuan province	9
sīniàn	思念	think of; miss; long for	129
sǐqī	死期	date of one's death	116
sīrén	私人	private	72
sīxiǎngjiā	思想家	thinker	31
sīxìng	私幸	(inwardly) congratulate oneself	128
Sìyuè	四月	April	8
sīzì	私自	privately; secretly; without per-mission	128
Sòng	宋	Song dynasty (960-1279)	66
sòng	送	see sb. out; see sb. off	72

sòng	颂	praise	83
sǒnglì	耸立	tower aloft	55
sū	苏	cut grass; mow	168
sù	素	white	166
suàn	算	consider; count as	18
suí	随	follow	20
suì	遂	then	166
suíbiàn	随便	do as one pleases; any; at random	152
suìdào	隧道	tunnel	56
suìshuō	虽说	though	74
suítóng	随同	be in company with	94
suìyuè	岁月	years; time	83
Sūn Zhōngshān	孙中山	Sun Yat-sen	31
sūn'ér	孙儿	grandson	126
suǒ	所	that which; those which; which	19
tā	它	it	54
Tài'ān	泰安	Tai'an county	54
Tàipíng Tiān Guó	太平天国	Taiping-Heavenly Kingdom	97
Tàipíngyáng	太平洋	Pacific Ocean	8
Tàishān	泰山	Mount Tai, in Shandong province	54
Táiwān	台湾	Taiwan province	9
tàiyang	太阳	sun; solar	19
Tǎlimù	塔里木	Tarim (Basin)	9
tán	潭	pond; deep pool	56
tàng	趟	*verbal m.w.* time	153
Tángdài	唐代	Tang dynasty (618-907)	32
tǎngruò	倘若	supposing; in case; if	130
tǎngxia	躺下	lie down	39
Tánxiāngshān	檀香山	Honolulu (Sandalwood Mountain)	94
tāo	掏	take out; pull out	109
tào	套	*m.w.* set	29
táohuā	桃花	peach blossom	84
tǎolùn	讨论	discuss	95
táozǒu	逃走	run away	128
tāxiāng	他乡	a place far away from home	49

tèsè	特色	distinguishing feature; characteristic	32
tèzhǒng	特种	special kind	30
tí	啼	cry; crow; trill	83
tián	甜	sweet	55
tiánbǎo	填饱	to fill (stomach)	49
tiānliàng	天亮	daybreak	57
tiāntiān	天天	everyday	97
tiānwéntái	天文台	observatory	18
tiánwù	田务	field work	125
tiāo	挑	pick; select	125
tiáo	条	m.w. for dragon, snake, fish, river, stream, etc.	29
tiào	跳	leap; jump	56
tiáojiàn	条件	condition	85
tícái	题材	subject matter; theme	31
tiē	贴	paste; stick	149
tiě	铁	iron	29
tīng	听	listen	17
tíng	停	stop	128
tīng tiān yóu mìng	听天由命	submit to the will of Heaven; trust to luck	72
tíngjīzhàn	停机站	stop; parking	40
tíngyuàn	庭院	courtyard	94
tíngzhǐ	停止	stop; cease; call off	30
tíyì	提议	suggest; propose	40
tízì	题字	inscription; autograph	54
tóng	铜	bronze; copper	20
tóng	同	with	41
tóng	同	like	147
tòng	痛	pain; ache	128
tōng huà	通话	communicate by telephone or walkie-talkie, etc.	41
tóng lè	同乐	enjoy together	149
tōng xiāo dá dàn	通宵达旦	all night long; throughout the	

		night	84
tōngguò	通过	pass; adopt	18
tōngguò	通过	through	20
tōngliàng	通亮	brightly lit	149
tóngshí	同时	at the same time; simultaneously	18
tóngyàng	同样	same	71
tóngyì	同意	agree	40
tǒngyī	统一	unify; unification	19
tōngyòng	通用	in common use; current; general	20
tōngzhī	通知	notify; inform	40
tóngzhì	同志	comrade	40
tǒngzhì	统治	rule; domination	72
Tóngzi	桐梓	Tongzi (city)	9
tóu	头	*m.w. for shecp, ox, etc.*	119
tòu	透	thoroughly; through; fully	128
tóurén	头人	headman	72
tù	吐	vomit	39
tú'àn	图案	design	31
túdi	徒弟	disciple; apprentice	148
tǔdì	土地	land	8
tuǐ	腿	leg	130
tuì	退	retreat; move back	151
tuīyí	推移	elapse; pass (of time)	20
Tǔlǔfān	吐鲁番	Turfan (Basin)	8
tuō	托	ask; entrust	132
túpiàn	图片	picture; photograph	96
tūrán	突然	suddenly	3)
tūránjiān	突然间	all of a sudden	57
tǔsī	土司	(hereditary) tribal chieftain	72
wǎ	瓦	tile	56
wa	哇	*particle* (=啊 plus U or AO-ending of the preceding syllable)	153
wài (shěng)	外（省）	other (provinces)	82
wánchéng	完成	fulfil; accomplish	41
wǎng	网	net; network	20

wǎng	往	to; toward	39
wǎng	往	go; go to a place	166
wàng	望	gaze into the distance	56
wǎng shàng	往上	upward	18
wǎngwǎng	往往	often, frequently	49
wánzhěng	完整	complete; intact	66
wéi	为	to be	8
wéi	为	be; mean; to be equivalent to	29
wèi	位	*m.w. for person (polite form)*	17
wèi	未	not; have not; did not	82
wèi	慰	console; comfort	169
wèi	谓	say	169
wèi...ér...	为…而…	for	96
wěidà	伟大	great	94
wěidù	纬度	latitude	8
wēijí	危急	critical; in imminent danger	40
wéikǒng	惟恐	for fear that; lest	149
wèile	为了	for; in order to	19
wěiqū	委屈	put sb. to great inconvenience; feel wronged	128
wēirán yìlì	巍然屹立	stand lofty and firm	55
wèishēng	卫生	sanitation; hygiene	73
wèishēngsuǒ	卫生所	hospital	74
wēiwēi	巍巍	towering; lofty	56
wéiyī	唯一	only; sole	127
wèiyú	位于	to be located at	8
wén	闻	smell (v)	109
wén	闻	hear	166
wēndài	温带	temperate zone	8
wēnhé	温和	moderate; mild	85
wénhuà	文化	culture	31
wénmíng	闻名	renowned; well-known	31
wénrén	文人	man of letters; scholar	54
wénwù	文物	relics	54
wénxuéjiā	文学家	writer; man of letters	31

wénzhāng	文章	essay; article	95
wěnzhòng	稳重	steady and calm; sedate	17
wénzì	文字	written language; written; recorded	55
wū	屋	room	56
wú	无	have no; without	167
wù	雾	fog	7
wù	勿	don't	168
wù	误	hold up; delay	168
wù	物	thing	170
wú jiā kě guī	无家可归	be homeless	73
wú kě nài hé	无可奈何	have no way out; have no alternative	131
wú lì	无力	cannot afford; have no ability or capability	72
Wú Zuòrén	吴作人	Wu Zuoren, a famous painter	31
Wǔhàn	武汉	Wuhan (including Wuchang, Hankow and Hanyang)	7
wúlùn	无论	no matter (how, what, which,. . .)	95
wūmiè	诬蔑	slander	72
wùrì	雾日	foggy day	9
wūshī	巫师	wizard; witch doctor	72
wǔshí niándài	五十年代	the fifties	30
wúxiàn	无线	wireless	20
xī	夕	evening	167
xī	息	cease; stop	169
xǐ	喜	delighted; pleased	83
xǐ	喜	happy	170
xī běi	西北	northwest	8
xí yǐ wéi cháng	习以为常	be used to; be accustomed to	127
xià bān	下班	go off work; knock off	19
xià (yīge)	下（一个）	the next (one)	40
xǐ'ài	喜爱	love; like	32
xiàjì	夏季	summer (season)	8
xiàjiàng	下降	drop; descend; go down	7
xiàn	县	county	54

224

xiàn	现	appear; clear	168
xiànchéng	县城	county town	147
xiǎnde	显得	appear; seem	54
xiāng	香	fragrant; aromatic; scented	55
xiǎng	响	sound; noise	17
xiǎng	响	make a sound	129
xiǎng	享	enjoy	125
xiàng	项	neck	167
Xiāng Gàn Biānqū	湘赣边区	Hunan-Jiangxi Border Region	29
xiāng huā	香花	fragrant flower	85
xiāngchà	相差	differ	7
xiāngchèn	相衬	set off; serve as a foil to	54
Xiānggǎng	香港	Hong Kong	83
xiāngjù	相距	away from; apart; at a distance of	8
xiānglián	相连	link; join; merge	56
xiǎngshòu	享受	enjoy	126
xiāngsì	相似	be similar; be alike	74
xiāngtōng	相通	communicate (with)	71
xiāngwèi (wèr)	香味	sweet smell; fragrance	108
xiāngxìn	相信	believe	72
xiàngzhēng	象征	symbolize; symbol	29
xiānhuā nùfàng	鲜花怒放	fresh flowers are in full bloom	7
xiānmíng	鲜明	bright; distinctive	32
xiànmù	羡慕	admire; envy	152
xiānqū	先驱	pioneer	30
xiānrén	仙人	immortal; celestial being	147
xiānshī	仙师	immortal master	152
xiǎnshì	显示	show; indicate	20
xiànxiàng	现象	phenomenon	75
xiānxíngzhě	先行者	pioneer	94
xiānxiù	纤秀	fine; elegant	150
xiānzi	仙子	fairy maiden	150
xiào	效	imitate	170
xiǎo shíhou	小时候	in one's childhood	97
xiǎolǎopo	小老婆	concubine	72

225

xiǎoniáng	小娘	young wife	128
xiǎoshí	小时	hour	20
xiáqíng	侠情	chivalry; chivalrous enthusiasm	131
xiàtiān	夏天	summer	8
xiàwǔ	下午	afternoon	39
xiàyóu	下游	lower reaches	48
xībiān	西边	west	18
xiě	血	blood	39
xífù	媳妇	daughter-in-law; son's wife	130
xīliú	溪流	brook; rivulet	56
xīn	心	heart	72
xīn	欣	glad; be gratified	168
xīn mǎn yì zú	心满意足	fully satisfied; be content with	153
xīn xiǎng	心想	think	117
xīng	星	star	29
xíng	行	trip; journey	55
xíng	行	go	169
xìng	姓	surname	71
xíngchéng	形成	form; take shape	49
xíngdòng	行动	get about; move	125
xíngqǐ	行乞	to beg	49
Xīngqīrì	星期日	Sunday	113
Xīngqīyī	星期一	Monday	113
xìngqu	兴趣	interest	75
xīngshèng	兴盛	flourishing; thriving	85
xīngxiū	兴修	build; construct (usu. a large project)	97
xíngyī	行医	practise medicine	95
Xīnhài gémìng	辛亥革命	1911 Revolution	95
xìnhào	信号	signal	20
Xīnjiāng	新疆	Xinjiang (Uygur Autonomous Region)	8
Xīnjiāpō	新加坡	Singapore	39
xīnqí	新奇	strange; odd; new	127
xīnqín	辛勤	industrious; hardworking; assidu-	

		ously	74
xīnsi	心思	thought; idea	129
xīnsuān	辛酸	bitter	73
xīnyuàn	心愿	wish; cherished desire	131
xiōngdi	兄弟	brother	109
xióngmāo	熊猫	panda	31
xīqi	希奇	strange; rare; curious	104
xīrì	昔日	in former days	97
Xīshuāngbǎnnà	西双版纳	Xishuangbanna Dai Autonomous Prefecture, famous for its natural zoo and rich plants	71
xísú	习俗	custom	84
xiū	修	construct	97
xiū	羞	feel ashamed	154
xīxīrǎngrǎng	熙熙攘攘	hustle and bustle	83
xīyin	吸引	attract	55
xū	须	beard	168
xū	虚	empty; void	170
xǔ	许	about; around	55
xǔ	诩	boast	170
Xú Bēihóng	徐悲鸿	Xu Beihong, a famous painter	31
xuán	玄	abstruse; mysterious	166
xuǎn	选	choose; select	40
xuānbù	宣布	announce; declare	17
xuánmiào	玄妙	mysterious	148
xuǎnzé	选择	choose	104
Xuánzōng	玄宗	Xuanzong, emperor of the Tang dynasty	67
xūděi	须得	must; should	132
xǔduō	许多	many	54
xuě	雪	snow	7
xuéshì	学士	scholar; man of learning	54
xúnfǎng	寻访	look for; make inquiries about	147
xùnhào	讯号	signal	18
xùnliànbān	训练班	training course	74

yèbàn	夜半	midnight	129
yěcài	野菜	edible wild herbs	125
yéyú	揶揄	ridicule; deride	170
yī	伊	she; her (a common pronoun in some major southern dialects meaning HE; HIM; SHE; HER. In the early years of this century 伊 was used in the strict sense of SHE or HER in modern Chinese literature)	125
yí	移	move; shift	168
yí	宜	ought to; should; better	168
yí	已	already	7
yǐ...	以…	take (sth.) as	19
yǐ	以	so as to; in order to	20
yǐ	以	with; using; utilizing	20
yǐ	以	use; take	166
yǐ	已	finish; end	167
yǐ	矣	*particle* (= 了 at the end of a sentence)	168
yì	亿	100 million	48
yì	邑	city; county; county town	166
yì	挹	scoop up; ladle out	167
yǐ...chímíng	以…驰名	to be known for	55
yī (dào dōngtiān)	一（到冬天）	as soon as (winter comes); when winter comes)	9
yī...jiù...	一…就…	no sooner...than...; as soon as; the moment...; once...	49
yī mú yī yàng	一模一样	exactly alike	150
yī nián yī dù	一年一度	annual; once a year	86
yī qīng èr chǔ	一清二楚	perfectly clear	151
yī qù bú fù fǎn	一去不复返	gone never to return; gone for ever	75
yí shí	移时	after quite a while	168
yǐ...wéi...	以…为..	take (sth.) as; regard as	19
yǐ...zhùchēng	以…著称	be celebrated for	54
yībān	一般	generally; ordinarily	54

yíbà(n)r	一半	half; one half	19
yìcǎi	异彩	unique splendour	82
yíchǎn	遗产	heritage; inheritance; legacy	67
yídài	一带	area; zone	71
yídàn	一旦	once; in case	131
yídòng	移动	move	151
...yi'èr	...一二	a bit	128
yīfu	衣服	clothes	7
yǐgù	已故	late; deceased	31
...yǐhòu	...以后	after	40
yǐjí	以及	and; along with	19
yìkǒu qì	一口气	in one breath	128
...yǐlái	...以来	since	49
yīliáoduì	医疗队	medical team	73
yīn	音	voice; sound; accent	17
yīn	阴	secretly	167
yín	银	silver	29
yǐn	饮	drink	167
yìn	印	print	30
yīnci	因此	therefore; so	19
yīng	莺	oriole; warbler	83
yíng	盈	reach; full	167
yìngbāngbāng	硬邦邦	very hard; very stiff	154
yīngdāng	应当	ought to; should; due	133
yíngdé	赢得	win	32
yíngjiē	迎接	meet; greet	84
yǐngpiàn	影片	film; movie	74
yǐngxiǎng	影响	influence; affect	7
yǐnjìn	引进	introduce from elsewhere	20
yīntiān	阴天	cloudy day	9
yīnyuètīng	音乐厅	concert hall	56
yìqí	一齐	at the same time; simultaneously	57
...yǐqián	...以前	before	48
yìqīngzǎo	一清早	early in the morning	148
yīrán	依然	as before; still	95

230

yǒudé	有得	there's no lack of	128
yǒuguān	有关	relating; concerning	55
yóujì	游记	travel notes	84
yōujìn	幽禁	imprison	150
yōujìng	幽静	quiet and secluded	147
yóukè	游客	sightseer; tourist; visitor	55
yóulǎn	游览	tour; go sight-seeing	55
yǒulì	有力	energetic; powerful; strong	67
yōuměi	优美	fine; graceful	54
yǒumíng	有名	famous	9
yòunián	幼年	childhood; infancy	95
yóupiào	邮票	stamp	29
yóuqí	尤其	especially; particularly	9
yǒuqù	有趣	interesting	56
yóuyú	由于	owing to; due to; as a result of	7
yóuyù	犹豫	hesitate	153
yōuyuè	优越	favourable; advantageous; superior	85
yú	于	in; from; at; on	96
yú	余	more than; odd; over	167
yú	盂	jar	167
yǔ	雨	rain	7
yǔ	语	talk; speak	83
yǔ	与	and	104
yǔ	与	with	166
yǔ	宇	house	166
yù	鬻	to sell	49
yuán	原	former; primary; original	128
yuán	圆	round; circular	151
yuǎn	远	far	18
yuàn	愿	wish; to be willing to	129
yuánlái	原来	former; original	95
yuánshuài	元帅	marshal; supreme commander	95
yuányīn	原因	reason	8
yùbèi	预备	prepare; ready to	131
yuē	约	about; approximately	8

zǎowǎn	早晚	sooner or later	125
zǎoxiān	早先	formerly; in the past; previously	84
zé	则	then; however	7
zēngjiā	增加	increase	86
zēngtiān	增添	add; increase	31
zěnme	怎么	why	119
zěnme bàn	怎么办	what to do; what shall I do	108
zhàizi	寨子	stockaded village	73
zhān	粘	paste; stick	167
zhàn	占	occupy; constitute; make up; account for	30
zhàn	站	(bus) stop; station	94
zhǎnchū	展出	display; show	96
zhǎng	长	increase	125
zhàng	帐	account	109
zhàngfu	丈夫	husband	126
zhǎngjìn	长进	make progress	128
zhàngzhe	仗着	rely on; depend on	131
zhǎnkāi	展开	launch; carry out; unfold	73
zhǎnpǐn	展品	item on display; exhibit	96
zhāo	朝	morning	126
zhào	照	according to; comply with	112
zhào	照	shine; light up; illuminate	149
zhào liàng	照亮	lighting; illumination	150
zhào yǐng	照影	reflect one's image	151
zhāobuláo	招不牢	unable to rear or bring up	126
zhāochén	朝晨	morning =（早晨）	128
zhǎodào	找到	find	104
zháolù	着陆	land; touch ground	41
zhàopiàn	照片	photograph; picture	95
zhèděng shì	这等事	this sort of thing; such (queer) things	116
zhémó	折磨	torment	148
zhēn	真	indeed	74
zhēn	真	true; real	122

zhèn	阵	*m.w. for wind;* gust; blast	127
zhēnde	真的	actually; indeed; truly	116
zhěnduàn	诊断	diagnose	40
zhěng	整	sharp; whole; complete	17
zhèng	正	precisely; just; exactly	39
zhèng shì	正是	to be exactly; to be the very (thing, person, etc.)	105
zhēng xiān kǒng hòu	争先恐后	vie with each other in doing sth.	122
zhěngdiǎn	整点	(at a certain o'clock) sharp	18
zhèngfǔ	政府	government	19
zhěnggè	整个	whole; entire	57
zhèngquán	政权	regime; political power	29
zhèngquè	正确	right; correct	98
zhēngróng	峥嵘	eventful; extraordinary	83
zhěngtiān	整天	all day long	82
zhēngtuō	挣脱	shake off	57
zhēnguì	珍贵	precious; valuable	54
zhèngwǔ	正午	high noon	19
zhèngyì	正义	righteousness; righteous	104
zhèngzhì	政治	politics; political	19
zhèngzhōng	正中	middle; centre	29
zhèngzhōngjiān	正中间	middle; centre	29
Zhèngzhōu	郑州	Zhengzhou city	40
zhēnjiān	针尖	pinpoint	149
zhēnshí	真实	true; real	74
zhěnsuǒ	诊所	clinic	72
zhēnzhèng	真正	real; true; actually	84
zhèshí	这时	at this time	39
zhēzhù	遮住	cover; hide from view	56
zhī	之	it; this; that	20
zhī	之	him (i.e. the old man)	166
zhī	枝	branch; twig	56
zhī	只	*m.w. for wolf, sheep, etc.*	119
zhì	至	go to	167
zhì	志	idea; intention; will	167

zhōngqī	中期	the middle period; mid-	30
zhòngrén	众人	everybody; all	149
zhōngwǔ	中午	noon	19
zhōngyāng	中央	centre; central	17
zhòngyào	重要	important	30
zhōngyóu	中游	middle reaches	7
zhòu	咒	cast a spell; pu a spell	169
zhòu	骤	abruptly; suddenly	170
zhōuwéi	周围	surrounding; neighbouring; around	54
zhòuyǔ	咒语	incantation; spell	153
zhū	诸	several; various	54
zhū	诸	multitude; many; those	167
zhū	朱	red; sth. in red (e.g. lipstick)	56
zhū	株	*m.w. for plant*	84
zhú	烛	candle	167
zhǔ	嘱	urge; ask	167
zhù	注	pour	167
zhù	箸	chopstick	167
zhù	助	help	170
zhuā	抓	catch; arrest	116
zhuājǐn	抓紧	grasp firmly; pay close attention to	49
zhuāng	装	pack; hold; load	109
zhuàng	撞	bump against; collide	154
zhuàngguān	壮观	magnificent sight	56
zhuànglì	壮丽	magnificent; majestic	54
zhuāngshì	装饰	decoration	32
zhuānmén	专门	special; specially	20
zhuāntóu	砖头	brick	154
zhuǎnwān	转弯	make a turn	40
zhuǎnyǎn	转眼	in the twinkling of an eye	130
zhǔdiàn	主殿	main hall	66
zhǔfēng	主峰	peak	54
zhǔfù	主妇	mistress	131
zhújiàn	逐渐	gradually; by degrees	84
zhùmíng	著名	famous; well-known	18

zhǔmǔ	主母	mistress	130
zhǔnbèi	准备	intend; plan; prepare	18
zhuō	捉	catch	97
zhuó	酌	drink	167
zhuōjué	卓绝	unsurpassed	67
zhuómo	琢磨	think; consider	149
zhǔtí	主题	motif; theme	32
zhǔyào	主要	main; major	49
zhùyìdào	注意到	have noticed	30
zhùzào	铸造	casting; founding	57
zhùzuò	著作	work; writings	75
zì	字	character	30
zì	自	from	67
zì	自	by oneself	167
zīfú	资斧	travelling expenses	170
Zǐjìnchéng	紫禁城	Forbidden City	67
zīliào	资料	data; material	75
zìrán	自然	nature	54
zǐxi	子息	descendants; male offspring	126
zìyóu	自由	free; freedom	125
zìzhìzhōu	自治州	autonomous prefecture	71
zìzhòng	自重	conduct oneself with dignity	154
zǒng	总	total; general	54
zǒng	总	invariably; always	125
zòng	纵	even though	169
zǒnggòng	总共	in all; altogether	29
zōnghé	综合	overall; unified; comprehensive	49
zòngshēn	纵身	jump; leap	56
zǒngtǒng	总统	president	95
zú	族	nationality	71
zú	足	as much as; enough	150
zú	足	foot	166
zǔchéng	组成	form; compose	20
zǔdǎng	阻挡	stop; obstruct; hinder	153
zuìhòu	最后	last; at last	17

附　录

APPENDIX

简 化 汉 字 表

LIST OF SIMPLIFIED CHINESE CHARACTERS

A

a

锕〔錒〕

ai

锿〔鎄〕
皑〔皚〕
霭〔靄〕
蔼〔藹〕
*爱〔愛〕
嗳〔噯〕
瑷〔璦〕
嗳〔嗳〕
暧〔曖〕
媛〔嬡〕
碍〔礙〕

an

谙〔諳〕
鹌〔鵪〕
铵〔銨〕

ang

肮〔骯〕

ao

鳌〔鰲〕
鳌〔鰲〕
袄〔襖〕

B

ba

鲅〔鮁〕
钯〔鈀〕
坝〔壩〕
*罢〔罷〕
耙〔粑〕

bai

摆〔擺〕
〔襬〕
败〔敗〕

ban

颁〔頒〕
板〔闆〕
绊〔絆〕
办〔辦〕

bang

帮〔幫〕
绑〔綁〕
谤〔謗〕
镑〔鎊〕

bao

鲍〔鮑〕
宝〔寶〕
饱〔飽〕
鸨〔鴇〕
报〔報〕
鲍〔鮑〕

bei

惫〔憊〕
辈〔輩〕
*贝〔貝〕
钡〔鋇〕
狈〔狽〕
*备〔備〕
呗〔唄〕

ben

锛〔錛〕
贲〔賁〕

berg

绷〔綳〕
镚〔鏰〕

bi

*笔〔筆〕
铋〔鉍〕

贲〔賁〕
*毕〔畢〕
哔〔嗶〕
筚〔篳〕
荜〔蓽〕
跸〔蹕〕
滗〔潷〕
币〔幣〕
闭〔閉〕
毙〔斃〕

bian

鳊〔鯿〕
编〔編〕
*边〔邊〕
笾〔籩〕
贬〔貶〕
辩〔辯〕
辫〔辮〕
变〔變〕

biao

镳〔鑣〕
标〔標〕
骠〔驃〕
镖〔鏢〕

飙〔飆〕
表〔錶〕
鳔〔鰾〕

bie

鳖〔鱉〕
瘪〔癟〕
别〔彆〕

bin

*宾〔賓〕
滨〔濱〕
槟〔檳〕
傧〔儐〕
缤〔繽〕
镔〔鑌〕
濒〔瀕〕
鬓〔鬢〕
摈〔擯〕
殡〔殯〕
膑〔臏〕
髌〔髕〕

bing

槟〔檳〕
饼〔餅〕

bo

饽〔餑〕
钵〔缽〕
拨〔撥〕
鹁〔鵓〕
馎〔餺〕
铍〔鈹〕
驳〔駁〕
铂〔鉑〕
卜〔蔔〕

bu

补〔補〕
钚〔鈈〕

C

cai

才〔纔〕
财〔財〕

can

*参〔參〕
骖〔驂〕
蚕〔蠶〕①
惭〔慚〕
残〔殘〕

惨〔慘〕
穇〔穇〕
灿〔燦〕

cang

*仓〔倉〕
沧〔滄〕
苍〔蒼〕
伧〔傖〕
鸧〔鶬〕
舱〔艙〕

ce

测〔測〕
恻〔惻〕
厕〔廁〕
侧〔側〕

cen

*参〔參〕

ceng

层〔層〕

cha

馇〔餷〕
锸〔鍤〕
镲〔鑔〕
诧〔詫〕

凡字前加＊號的，是可作簡化偏旁用的簡化字。這裏所說的偏旁，不限於左旁和右旁，也包括字的上部下部內部外部，總之指一個字的可以分出來的組成部份而言。

chai	chao			dai	导[導]	经[經]
钗[釵]	钞[鈔]	宠[寵]	纯[純]	哒[噠]	**de**	迭[叠]⑤
侪[儕]	**che**	铳[銃]	莼[蒪]	鞑[韃]	锝[鍀]	**ding**
虿[蠆]	*车[車]	**chou**	**chuo**	**dai**	**deng**	钉[釘]
chan	砗[硨]	䌷[紬]	绰[綽]	贷[貸]	灯[燈]	顶[頂]
搀[攙]	彻[徹]	畴[疇]	龊[齪]	绐[紿]	镫[鐙]	订[訂]
掺[摻]	**chen**	筹[籌]	辍[輟]	*带[帶]	邓[鄧]	锭[錠]
缠[纏]②	谌[諶]	踌[躊]	**ci**	骀[駘]	**di**	**diu**
禅[禪]	尘[塵]	俦[儔]	鹚[鶿]	**dan**	镝[鏑]	铥[銩]
蝉[蟬]	陈[陳]	雠[讎]	辞[辭]	*单[單]	觌[覿]	**dong**
婵[嬋]	碜[磣]	绸[綢]	词[詞]	担[擔]	籴[糴]	*东[東]
谗[讒]	榇[櫬]	丑[醜]	赐[賜]	殚[殫]	诋[詆]	鸫[鶇]
馋[饞]	衬[襯]	**chu**	**cong**	箪[簞]	谛[諦]	崬[崠]
*产[產]	谶[讖]	出[齣]	聪[聰]	郸[鄲]	缔[締]	冬[鼕]
浐[滻]	称[稱]	锄[鋤]	骢[驄]	掸[撣]	递[遞]	*动[動]
铲[鏟]	**cheng**	*刍[芻]	枞[樅]	胆[膽]	**dian**	冻[凍]
蒇[蕆]	柽[檉]	雏[雛]	苁[蓯]	赕[賧]	颠[顛]	栋[棟]
阐[闡]	蛏[蟶]	储[儲]	*从[從]	惮[憚]	巅[巔]	胨[腖]
辗[輾]	铛[鐺]	础[礎]	丛[叢]	瘅[癉]	巅[巓]	**dou**
谄[諂]	赪[赬]	处[處]	**cou**	弹[彈]	点[點]	斗[鬥]
颤[顫]	称[稱]	绌[絀]	辏[輳]	诞[誕]	淀[澱]	窦[竇]
忏[懺]	枨[棖]	触[觸]	**cuan**	**dang**	垫[墊]	**du**
刬[剗]	诚[誠]	**chuai**	撺[攛]	裆[襠]	钿[鈿]	读[讀]
chang	惩[懲]	闯[闖]	蹿[躥]	铛[鐺]	**diao**	渎[瀆]
伥[倀]	骋[騁]	**chuan**	镩[鑹]	*当[當]	鲷[鯛]	椟[櫝]
阊[閶]	**chi**	传[傳]	攒[攢]	*党[黨]	铫[銚]	黩[黷]
鲳[鯧]	鸱[鴟]	钏[釧]	*窜[竄]	谠[讜]	铞[銱]	犊[犢]
*尝[嘗]③	迟[遲]	**chuang**	**cui**	挡[擋]	鸢[鳶]	牍[牘]
偿[償]	驰[馳]	疮[瘡]	缞[縗]	档[檔]	钓[釣]	独[獨]
鲿[鱨]	*齿[齒]	闯[闖]	**cuo**	砀[碭]	调[調]	赌[賭]
*长[長]④	炽[熾]	怆[愴]	蹉[瑳]	荡[蕩]	**die**	笃[篤]
肠[腸]	饬[飭]	创[創]	错[錯]	**dao**	谍[諜]	镀[鍍]
场[場]	**chong**	**chui**	锉[銼]	刐[刐]	鲽[鰈]	**duan**
厂[廠]	冲[衝]	锤[錘]	**D**	祷[禱]		*断[斷]
怅[悵]	*虫[蟲]	**chun**	**da**	岛[島]		锻[鍛]
畅[暢]		䲠[鰆]	*达[達]	捣[搗]		
		鹑[鶉]				

缎[緞]
簖[籪]

dui

怼[懟]
*对[對]
*队[隊]

dun

吨[噸]
镦[鐓]
趸[躉]
钝[鈍]
顿[頓]

duo

夺[奪]
铎[鐸]
驮[馱]
堕[墮]
饳[飿]

E

e

额[額]
锇[鋨]
鹅[鵝]
讹[訛]
恶[惡]
[噁]
垩[堊]
轭[軛]
谔[諤]
鹗[鶚]
鳄[鰐]
锷[鍔]
饿[餓]

ê

诶[誒]

er

儿[兒]
鸸[鴯]
饵[餌]
铒[鉺]
*尔[爾]
迩[邇]
贰[貳]

F

fa

*发[發]
[髮]
罚[罰]
阀[閥]

fan

烦[煩]
矾[礬]
钒[釩]
贩[販]
饭[飯]
范[範]

fang

钫[鈁]
鲂[魴]
访[訪]
纺[紡]

fei

绯[緋]
鲱[鯡]
飞[飛]
诽[誹]
废[廢]
费[費]
镄[鐨]

fen

纷[紛]
坟[墳]
豮[豶]
粪[糞]
愤[憤]
偾[僨]
奋[奮]

feng

*丰[豐]⑥
沣[灃]
锋[鋒]
*风[風]
沨[渢]
疯[瘋]
枫[楓]
砜[碸]
冯[馮]
缝[縫]
讽[諷]
凤[鳳]
赗[賵]

fu

麸[麩]
肤[膚]
辐[輻]
韨[韍]
绂[紱]
凫[鳧]
绋[紼]
辅[輔]
抚[撫]
赋[賦]
赙[賻]
缚[縛]
讣[訃]
复[復]
[複]
[覆]⑦
鳆[鰒]
驸[駙]
鲋[鮒]
负[負]
妇[婦]

G

ga

钆[釓]

gai

该[該]
赅[賅]
盖[蓋]
钙[鈣]

gan

干[乾]⑧
[幹]
尴[尷]
赶[趕]
赣[贛]
绀[紺]

gang

*冈[岡]
刚[剛]
㭎[棡]
纲[綱]
钢[鋼]
㧏[掆]
岗[崗]

gao

镐[鎬]
缟[縞]
诰[誥]
锆[鋯]

ge

鸽[鴿]
搁[擱]
镉[鎘]
颌[頜]
阁[閣]
个[個]
铬[鉻]

gei

给[給]

geng

赓[賡]
鹒[鶊]
鲠[鯁]
绠[綆]

gong

龚[龔]
巩[鞏]
贡[貢]
唝[嗊]

gou

缑[緱]
沟[溝]
钩[鉤]
觏[覯]
诟[詬]
构[構]
购[購]

gu

轱[軲]
鸪[鴣]
诂[詁]
钴[鈷]
贾[賈]
蛊[蠱]
毂[轂]
馉[餶]
鹘[鶻]
谷[穀]
鹄[鵠]
顾[顧]
锢[錮]

gua

刮[颳]
鸹[鴰]
剐[剮]
诖[詿]

guan

关[關]
纶[綸]
鳏[鰥]
观[觀]
馆[館]
鹳[鸛]
贯[貫]
惯[慣]
掼[摜]

guang

*广[廣]
犷[獷]

gui

妫[媯]
沩[溈]
规[規]
鲑[鮭]
闺[閨]
*归[歸]
*龟[龜]
轨[軌]
匦[匭]
诡[詭]
鳜[鱖]
柜[櫃]
贵[貴]
刿[劌]
桧[檜]
刽[劊]

gun

辊[輥]
绲[緄]
鲧[鯀]

guo

涡[渦]
埚[堝]
锅[鍋]
蝈[蟈]
*国[國]
掴[摑]
帼[幗]
馃[餜]
腘[膕]
*过[過]

H

ha

铪[鉿]

hai

还[還]
骇[駭]

han

顸[頇]
韩[韓]
阚[闞]
𫫇[㘎]
汉[漢]
颔[頷]

hang
绗〔絎〕 颃〔頏〕

hao
颢〔顥〕 灏〔灝〕 号〔號〕

he
诃〔訶〕 阂〔閡〕 阖〔闔〕 鹖〔鶡〕 颌〔頜〕 饸〔餄〕 合〔閤〕 纥〔紇〕 鹤〔鶴〕 贺〔賀〕 吓〔嚇〕

heng
鸻〔鴴〕

hong
薨〔薧〕 鸿〔鴻〕 红〔紅〕 荭〔葒〕 讧〔訌〕

hou
后〔後〕 鲎〔鱟〕

hu
轷〔軤〕 壶〔壺〕 胡〔鬍〕 鹕〔鶘〕 鸪〔鴣〕 鹄〔鵠〕 浒〔滸〕 沪〔滬〕 护〔護〕

hua
*华〔華〕 骅〔驊〕 哗〔嘩〕 铧〔鏵〕 *画〔畫〕 婳〔嫿〕 划〔劃〕 桦〔樺〕 话〔話〕

huai
怀〔懷〕 坏〔壞〕⑨

huan
欢〔歡〕 还〔還〕 环〔環〕 缳〔繯〕 镮〔鐶〕 锾〔鍰〕 缓〔緩〕 鲩〔鯇〕

huang
鳇〔鰉〕 谎〔謊〕

hui
挥〔揮〕 辉〔輝〕 翚〔翬〕 诙〔詼〕 回〔迴〕 *汇〔匯〕 〔彙〕 贿〔賄〕 秽〔穢〕 *会〔會〕 烩〔燴〕 荟〔薈〕 绘〔繪〕 诲〔誨〕 殨〔殨〕 讳〔諱〕

hun
荤〔葷〕 阍〔閽〕 浑〔渾〕 珲〔琿〕 馄〔餛〕 诨〔諢〕

huo
钬〔鈥〕 伙〔夥〕⑩ 镬〔鑊〕 获〔獲〕 〔穫〕 祸〔禍〕 货〔貨〕

J

ji
齑〔齏〕 跻〔躋〕 击〔擊〕 赍〔賫〕 缉〔緝〕 积〔積〕 羁〔羈〕 机〔機〕 饥〔饑〕 讥〔譏〕 玑〔璣〕 矶〔磯〕 叽〔嘰〕 鸡〔雞〕 鹡〔鶺〕 辑〔輯〕 极〔極〕 级〔級〕 挤〔擠〕 给〔給〕 *几〔幾〕 虮〔蟣〕 济〔濟〕 霁〔霽〕 荠〔薺〕 剂〔劑〕 鲚〔鱭〕 际〔際〕 绩〔績〕 计〔計〕 系〔繫〕⑪ 骥〔驥〕 觊〔覬〕 蓟〔薊〕 鲫〔鯽〕 记〔記〕 纪〔紀〕 继〔繼〕

jia
家〔傢〕 镓〔鎵〕 *夹〔夾〕 浃〔浹〕 颊〔頰〕 荚〔莢〕 蛱〔蛺〕 铗〔鋏〕 贾〔賈〕 槚〔檟〕 钾〔鉀〕 价〔價〕 驾〔駕〕

jian
鹣〔鶼〕 鲣〔鰹〕 缣〔縑〕 *戋〔戔〕 笺〔箋〕 坚〔堅〕 监〔監〕 歼〔殲〕 艰〔艱〕 间〔間〕 谫〔譾〕 硷〔鹼〕 拣〔揀〕 笕〔筧〕 茧〔繭〕 检〔檢〕 捡〔撿〕 睑〔瞼〕 裥〔襇〕 简〔簡〕 谏〔諫〕 渐〔漸〕 槛〔檻〕 贱〔賤〕 溅〔濺〕 践〔踐〕 鉴〔鑒〕 *荐〔薦〕 *见〔見〕 枧〔梘〕 舰〔艦〕 剑〔劍〕 键〔鍵〕 涧〔澗〕 锏〔鐧〕

jiang
姜〔薑〕 *将〔將〕⑫ 浆〔漿〕⑫ 缰〔韁〕 讲〔講〕 桨〔槳〕⑫ 奖〔獎〕⑫ 蒋〔蔣〕 酱〔醬〕⑫ 绛〔絳〕

jiao
胶〔膠〕 鲛〔鮫〕 鹪〔鷦〕 浇〔澆〕 骄〔驕〕 娇〔嬌〕 䴔〔鵁〕 饺〔餃〕 铰〔鉸〕 绞〔絞〕 侥〔僥〕 矫〔矯〕 搅〔攪〕 缴〔繳〕 觉〔覺〕 较〔較〕 轿〔轎〕 挢〔撟〕 峤〔嶠〕

jie
阶〔階〕 疖〔癤〕 讦〔訐〕 洁〔潔〕 诘〔詰〕 撷〔擷〕 颉〔頡〕 结〔結〕 鲒〔鮚〕 *节〔節〕 借〔藉〕⑬ 诫〔誡〕

jin
谨〔謹〕 馑〔饉〕 觐〔覲〕 紧〔緊〕 锦〔錦〕 仅〔僅〕 劲〔勁〕 *进〔進〕 琎〔璡〕 缙〔縉〕 *尽〔盡〕 〔儘〕

浕〔濜〕 荩〔藎〕 赆〔贐〕 烬〔燼〕

jing
惊〔驚〕 鲸〔鯨〕 鶄〔鶄〕 泾〔涇〕 茎〔莖〕 经〔經〕 颈〔頸〕 刭〔剄〕 镜〔鏡〕 竞〔競〕 痉〔痙〕 劲〔勁〕 胫〔脛〕 径〔徑〕 靓〔靚〕

jiu
纠〔糾〕 鸠〔鳩〕 阄〔鬮〕⑭ 鹫〔鷲〕 旧〔舊〕

ju
*车〔車〕 驹〔駒〕 鹃〔鵑〕 锔〔鋦〕 *举〔舉〕 龃〔齟〕 榉〔櫸〕 讵〔詎〕 惧〔懼〕

飓〔颶〕 窭〔窶〕 屦〔屨〕 据〔據〕 剧〔劇〕 锯〔鋸〕

juan
鹃〔鵑〕 锩〔錈〕 卷〔捲〕 绢〔絹〕

jue
觉〔覺〕 镢〔钁〕 谲〔譎〕 诀〔訣〕 绝〔絕〕

jun
军〔軍〕 鞯〔韉〕 钧〔鈞〕 骏〔駿〕

K

kai
开〔開〕 锎〔鐦〕 恺〔愷〕 垲〔塏〕 剀〔剴〕 铠〔鎧〕 凯〔凱〕 闿〔闓〕 锴〔鍇〕 忾〔愾〕

kan
龛〔龕〕 槛〔檻〕

kang
钪〔鈧〕

kao
铐〔銬〕

ke
颏〔頦〕 轲〔軻〕 钶〔鈳〕 颗〔顆〕 *壳〔殼〕⑮ 缂〔緙〕 克〔剋〕 课〔課〕 骒〔騍〕 锞〔錁〕

ken
恳〔懇〕 垦〔墾〕

keng
铿〔鏗〕

kou
抠〔摳〕 眍〔瞘〕

ku
库〔庫〕 裤〔褲〕 绔〔絝〕 喾〔嚳〕 篑〔簣〕

kua
夸〔誇〕

kuai
㧟〔擓〕 *会〔會〕

浍〔澮〕 哙〔噲〕 郐〔鄶〕 侩〔儈〕 脍〔膾〕 鲙〔鱠〕 狯〔獪〕 块〔塊〕

kuan
宽〔寬〕 髋〔髖〕

kuang
诓〔誆〕 诳〔誑〕 矿〔礦〕 圹〔壙〕 旷〔曠〕 纩〔纊〕 邝〔鄺〕 贶〔貺〕

kui
窥〔窺〕 亏〔虧〕 岿〔巋〕 溃〔潰〕 襘〔禬〕 愦〔憒〕 聩〔聵〕 匮〔匱〕 蒉〔蕢〕 馈〔饋〕 篑〔簣〕

kun
鲲〔鯤〕 锟〔錕〕 壸〔壼〕

阃〔閫〕 困〔睏〕

kuo
阔〔闊〕 扩〔擴〕

L

la
蜡〔蠟〕 腊〔臘〕 镴〔鑞〕

lai
*来〔來〕 涞〔淶〕 莱〔萊〕 崃〔崍〕 铼〔錸〕 徕〔徠〕 赖〔賴〕 濑〔瀨〕 癞〔癩〕 籁〔籟〕 睐〔睞〕 赉〔賚〕

lan
兰〔蘭〕 栏〔欄〕 拦〔攔〕 阑〔闌〕 澜〔瀾〕 谰〔讕〕 斓〔斕〕 镧〔鑭〕 褴〔襤〕 蓝〔藍〕 篮〔籃〕

岚〔嵐〕 懒〔懶〕 览〔覽〕 揽〔攬〕 缆〔纜〕 烂〔爛〕 滥〔濫〕

lang
锒〔鋃〕 阆〔閬〕

lao
捞〔撈〕 劳〔勞〕 崂〔嶗〕 痨〔癆〕 铹〔鐒〕 铑〔銠〕 涝〔澇〕 唠〔嘮〕 耢〔耮〕

le
鳓〔鰳〕 *乐〔樂〕 饹〔餎〕

lei
镭〔鐳〕 累〔纍〕 缧〔縲〕 诔〔誄〕 垒〔壘〕 类〔類〕⑯

li
*离〔離〕 漓〔灕〕 篱〔籬〕

缡〔縭〕 骊〔驪〕 鹂〔鸝〕 鲡〔鱺〕 礼〔禮〕 逦〔邐〕 里〔裏〕 锂〔鋰〕 鲤〔鯉〕 鳢〔鱧〕 *丽〔麗〕⑰ 俪〔儷〕 郦〔酈〕 厉〔厲〕 励〔勵〕 砺〔礪〕 *历〔歷〕 〔曆〕 沥〔瀝〕 坜〔壢〕 疠〔癘〕 雳〔靂〕 枥〔櫪〕 苈〔藶〕 呖〔嚦〕 疬〔癧〕 粝〔糲〕 砾〔礫〕 蛎〔蠣〕 栎〔櫟〕 轹〔轢〕 隶〔隸〕

lia
俩〔倆〕

lian
帘〔簾〕

镰〔鐮〕
联〔聯〕
连〔連〕
涟〔漣〕
莲〔蓮〕
鲢〔鰱〕
琏〔璉〕
奁〔奩〕
怜〔憐〕
敛〔斂〕
蔹〔蘞〕
脸〔臉〕
恋〔戀〕
链〔鏈〕
炼〔煉〕
练〔練〕
潋〔瀲〕
殓〔殮〕
裣〔襝〕
裢〔褳〕

liang
粮〔糧〕
*两〔兩〕
俩〔倆〕
唡〔喇〕
魉〔魎〕
谅〔諒〕
辆〔輛〕

liao
鹩〔鷯〕
缭〔繚〕
疗〔療〕
辽〔遼〕
了〔瞭〕
钌〔釕〕
镣〔鐐〕

lie
猎〔獵〕
鬣〔鬣〕

lin
辚〔轔〕
鳞〔鱗〕
临〔臨〕⑱
邻〔鄰〕
躏〔躪〕
赁〔賃〕

ling
鲮〔鯪〕
绫〔綾〕
龄〔齡〕
铃〔鈴〕
鸰〔鴒〕
*灵〔靈〕
棂〔欞〕
领〔領〕
岭〔嶺〕⑲

liu
飏〔飀〕
*刘〔劉〕
浏〔瀏〕
骝〔騮〕
馏〔餾〕
绺〔綹〕
镏〔鎦〕
鹨〔鷚〕
陆〔陸〕

long
*龙〔龍〕
泷〔瀧〕
珑〔瓏〕
聋〔聾〕

枥〔櫪〕
砻〔礱〕
笼〔籠〕
茏〔蘢〕
咙〔嚨〕
昽〔曨〕
胧〔朧〕
垄〔壟〕
拢〔攏〕
陇〔隴〕

lou
瞜〔膿〕
*娄〔婁〕
偻〔僂〕
喽〔嘍〕
楼〔樓〕
溇〔漊〕
蒌〔蔞〕
髅〔髏〕
蝼〔螻〕
耧〔耬〕
搂〔摟〕
嵝〔嶁〕
篓〔簍〕
瘘〔瘻〕
镂〔鏤〕

lu
噜〔嚕〕
庐〔廬〕
炉〔爐〕
芦〔蘆〕
*卢〔盧〕
泸〔瀘〕
垆〔壚〕
栌〔櫨〕
颅〔顱〕

鸬〔鸕〕
胪〔臚〕
鲈〔鱸〕
舻〔艫〕
*卤〔鹵〕
〔滷〕
*虏〔虜〕
掳〔擄〕
鲁〔魯〕
橹〔櫓〕
镥〔鑥〕
辘〔轆〕
辂〔輅〕
赂〔賂〕
鹭〔鷺〕
陆〔陸〕
渌〔淥〕
*录〔錄〕
箓〔籙〕
绿〔綠〕
轳〔轤〕
毡〔氈〕

lü
驴〔驢〕
闾〔閭〕
榈〔櫚〕
屡〔屢〕
偻〔僂〕
褛〔褸〕
缕〔縷〕
铝〔鋁〕
*虑〔慮〕
滤〔濾〕
绿〔綠〕

luan
娈〔孌〕
栾〔欒〕
滦〔灤〕

峦〔巒〕
脔〔臠〕
鸾〔鸞〕
銮〔鑾〕
挛〔攣〕
鸶〔鷥〕
孪〔孿〕
乱〔亂〕

lun
抡〔掄〕
*仑〔侖〕
沦〔淪〕
轮〔輪〕
囵〔圇〕
纶〔綸〕
伦〔倫〕
论〔論〕

luo
骡〔騾〕
脶〔膃〕
*罗〔羅〕
〔囉〕
逻〔邏〕
萝〔蘿〕
锣〔鑼〕
箩〔籮〕
椤〔欏〕
猡〔玀〕
荦〔犖〕
泺〔濼〕
骆〔駱〕
络〔絡〕

M

m
呒〔嘸〕

ma
妈〔媽〕
*马〔馬〕⑳
蚂〔螞〕
玛〔瑪〕
码〔碼〕
犸〔獁〕
骂〔罵〕
吗〔嗎〕
唛〔嘜〕

mai
*买〔買〕
*麦〔麥〕
*卖〔賣〕㉑
迈〔邁〕
荬〔蕒〕

man
颟〔顢〕
馒〔饅〕
鳗〔鰻〕
蛮〔蠻〕
瞒〔瞞〕
满〔滿〕
螨〔蟎〕
谩〔謾〕
缦〔縵〕
镘〔鏝〕

mang
铓〔鋩〕

mao
锚〔錨〕
铆〔鉚〕
贸〔貿〕

me
么〔麼〕㉒

mei
霉〔黴〕
镅〔鎇〕
鹛〔鶥〕
镁〔鎂〕

men
*门〔門〕
扪〔捫〕
钔〔鍆〕
懑〔懣〕
闷〔悶〕
焖〔燜〕
们〔們〕

meng
蒙〔矇〕
〔濛〕
〔懞〕
锰〔錳〕
梦〔夢〕

mi
谜〔謎〕
祢〔禰〕
弥〔彌〕
〔瀰〕
猕〔獼〕
谧〔謐〕
觅〔覓〕

mian
绵〔綿〕
渑〔澠〕
缅〔緬〕
面〔麵〕

miao
鹋〔鶓〕
缈〔緲〕
缪〔繆〕

庙[廟]

mie
灭[滅]
蔑[衊]

min
缗[緡]
悯[憫]
闵[閔]
*黾[黽]㉓
鳖[鱉]

ming
鸣[鳴]
铭[銘]

miu
谬[謬]
缪[繆]

mo
谟[謨]
馍[饃]
蓦[驀]

mou
谋[謀]
缪[繆]

mu
亩[畝]
钼[鉬]

N

na
镎[鎿]
钠[鈉]
纳[納]

nan
*难[難]

nǎng
馕[饢]

nao
挠[撓]
蛲[蟯]
铙[鐃]
恼[惱]
脑[腦]
闹[鬧]⑭

ne
讷[訥]

nei
馁[餒]

neng
泞[濘]

ni
鲵[鯢]
铌[鈮]
拟[擬]
腻[膩]

nian
鲇[鮎]
鲶[鯰]
辇[輦]
撵[攆]

niang
酿[釀]

niao
*鸟[鳥]㉔
茑[蔦]
袅[裊]

nie
*聂[聶]
颞[顳]
嗫[囁]
蹑[躡]

镊[鑷]
啮[嚙]
镍[鎳]

ning
*宁[寧]㉕
柠[檸]
咛[嚀]
狞[獰]
聍[聹]
拧[擰]
泞[濘]

niu
钮[鈕]
纽[紐]

nong
*农[農]
浓[濃]
侬[儂]
脓[膿]
哝[噥]

nu
驽[駑]

nü
钕[釹]

nüe
疟[瘧]

nuo
傩[儺]
诺[諾]
锘[鍩]

O

ou
*区[區]㉖
讴[謳]
瓯[甌]

鸥[鷗]
殴[毆]
欧[歐]
呕[嘔]
沤[漚]
怄[慪]

P

pan
蹒[蹣]
盘[盤]

pang
鳑[鰟]
庞[龐]

pei
赔[賠]
锫[錇]
辔[轡]

pen
喷[噴]

peng
鹏[鵬]

pi
纰[紕]
罴[羆]
铍[鈹]
钯[鈹]
辟[闢]
鹍[鵾]

pian
骈[駢]
谝[諞]
骗[騙]

piao
飘[飄]
缥[縹]

骠[驃]

pin
嫔[嬪]
频[頻]
颦[顰]
贫[貧]

ping
评[評]
苹[蘋]
鲆[鮃]
凭[憑]

po
钋[釙]
颇[頗]
泼[潑]
钹[鈸]
钷[鉕]

pu
铺[鋪]
扑[撲]
仆[僕]㉗
镤[鏷]
谱[譜]
镨[鐠]
朴[樸]

Q

qi
缉[緝]
桤[榿]
*齐[齊]
蛴[蠐]
脐[臍]
骐[騏]
鳍[鰭]

颀[頎]
蕲[蘄]
启[啟]
绮[綺]
*岂[豈]
碛[磧]
*气[氣]
讫[訖]
荠[薺]

qian
骞[騫]
谦[謙]
悭[慳]
牵[牽]
*佥[僉]
签[簽]
[籤]
千[韆]
*迁[遷]
钎[釬]
铅[鉛]
鹐[鵮]
荨[蕁]
钳[鉗]
钱[錢]
钤[鈐]
浅[淺]
谴[譴]
缱[繾]
堑[塹]
椠[槧]
纤[縴]

qiang
玱[瑲]
枪[槍]
锖[鏘]

墙[墻]
蔷[薔]
樯[檣]
嫱[嬙]
锵[鏘]
羟[羥]
抢[搶]
炝[熗]
戗[戧]
跄[蹌]
呛[嗆]

qiao
硗[磽]
跷[蹺]
锹[鍬]
缲[繰]
翘[翹]
*乔[喬]
桥[橋]
硚[礄]
侨[僑]
鞒[鞽]
荞[蕎]
谯[譙]
*壳[殼]⑮
窍[竅]
诮[誚]

qie
锲[鍥]
惬[愜]
箧[篋]
窃[竊]

qin
*亲[親]
钦[欽]
嵚[嶔]

骏[駿]
寝[寢]
锓[鋟]
揿[撳]

qing
锖[錆]
轻[輕]
氢[氫]
倾[傾]
赗[賵]
请[請]
顷[頃]
頫[頫]
庆[慶]㉘

qiong
*穷[窮]
劳[藭]
琼[瓊]
茕[煢]

qiu
秋[鞦]
鹙[鶖]
鳅[鰍]
鳝[鰌]
鸮[鵂]

qu
曲[麯]
*区[區]㉖
驱[驅]
岖[嶇]
躯[軀]
诎[詘]
趋[趨]
鸲[鴝]
麒[麒]
觑[覷]

阒[闃]

quan
权[權]
颧[顴]
铨[銓]
诠[詮]
绻[綣]
劝[勸]

que
悫[愨]
鹊[鵲]
阕[闋]
确[確]
阙[闕]

R

rang
让[讓]

rao
桡[橈]
荛[蕘]
饶[饒]
扰[擾]
绕[繞]

re
热[熱]

ren
认[認]
饪[飪]
纴[紝]
轫[軔]
纫[紉]
韧[韌]

rong
荣[榮]

蝾[蠑]
嵘[嶸]
绒[絨]

ru
铷[銣]
颥[顬]
缛[縟]

ruan
软[軟]

rui
锐[銳]

run
闰[閏]
润[潤]

S

sa
洒[灑]
飒[颯]
萨[薩]

sai
鳃[鰓]
赛[賽]

san
毵[毿]
馓[饊]
伞[傘]

sang
丧[喪]
颡[顙]

sao
骚[騷]
缫[繅]
扫[掃]

se
涩[澀]

*啬[嗇]
穑[穡]
铯[銫]

sha
鲨[鯊]
纱[紗]
杀[殺]
铩[鎩]

shai
筛[篩]
晒[曬]

shan
钐[釤]
陕[陝]
闪[閃]
镨[鐥]
鳝[鱔]
缮[繕]
掸[撣]
骟[騸]
讪[訕]
赡[贍]

shang
殇[殤]
觞[觴]
伤[傷]
赏[賞]㉙

shao
烧[燒]
绍[紹]

she
赊[賒]
舍[捨]
设[設]

潲[潲]
慑[懾]
摄[攝]
厍[厙]

shei
谁[誰]

shen
绅[紳]
*参[參]
糁[糝]
*审[審]
谂[諗]
婶[嬸]
沈[瀋]
肾[腎]
渗[滲]
瘆[瘮]

sheng
声[聲]
渑[澠]
绳[繩]
胜[勝]
*圣[聖]

shi
湿[濕]
诗[詩]
*师[師]
狮[獅]
鸤[鳲]
实[實]
埘[塒]
鲥[鰣]
识[識]
*时[時]

蚀[蝕]
驶[駛]
铈[鈰]
视[視]
谥[諡]
试[試]
轼[軾]
势[勢]
莳[蒔]
贳[貰]
释[釋]
饰[飾]
适[適]㉚

shou
兽[獸]
*寿[壽]
绶[綬]

shu
枢[樞]
摅[攄]
输[輸]
纾[紓]
书[書]
赎[贖]
*属[屬]
数[數]
树[樹]
术[術]㉛
竖[豎]

shuai
帅[帥]

shuan
闩[閂]

shuang
*双[雙]
泷[瀧]

shui
谁[誰]

shun
顺[順]

shuo
说[說]
硕[碩]
烁[爍]
铄[鑠]

si
锶[鍶]
飔[颸]
酾[釃]
缌[緦]
丝[絲]
咝[噝]
鸶[鷥]
蛳[螄]
驷[駟]
饲[飼]

song
松[鬆]
怂[慫]
耸[聳]
㧐[㩳]
讼[訟]
颂[頌]
诵[誦]

sou
馊[餿]
锼[鎪]
飕[颼]
薮[藪]
擞[擻]

su
苏[蘇]

稣〔穌〕
谡〔謖〕
诉〔訴〕
*肃〔肅〕㉜

sui
虽〔雖〕
随〔隨〕
绥〔綏〕
*岁〔歲〕
谇〔誶〕

sun
*孙〔孫〕
荪〔蓀〕
狲〔猻〕
损〔損〕

suo
缩〔縮〕
琐〔瑣〕
唢〔嗩〕
锁〔鎖〕
苏〔囌〕

T

ta
铊〔鉈〕
鳎〔鰨〕
獭〔獺〕
溚〔澾〕
挞〔撻〕
闼〔闥〕

tai
台〔臺〕
〔檯〕
〔颱〕
骀〔駘〕
鲐〔鮐〕

态〔態〕
钛〔鈦〕

tan
滩〔灘〕
瘫〔癱〕
摊〔攤〕
贪〔貪〕
谈〔談〕
坛〔壇〕
〔罎〕
谭〔譚〕
昙〔曇〕
弹〔彈〕
钽〔鉭〕
叹〔嘆〕

tang
镗〔鏜〕
汤〔湯〕
傥〔儻〕
铴〔鐋〕
烫〔燙〕

tao
涛〔濤〕
韬〔韜〕
绦〔縧〕
焘〔燾〕
讨〔討〕

te
铽〔鋱〕

teng
誊〔謄〕
腾〔騰〕
膯〔䐮〕

ti
锑〔銻〕

鹈〔鵜〕
绨〔綈〕
缇〔緹〕
题〔題〕
体〔體〕

tian
阗〔闐〕

tiao
*条〔條〕㉝
鲦〔鰷〕
龆〔齠〕
调〔調〕
粜〔糶〕

tie
贴〔貼〕
铁〔鐵〕

ting
厅〔廳〕㉞
烃〔烴〕
听〔聽〕
颋〔頲〕
铤〔鋌〕

tong
铜〔銅〕
鲖〔鮦〕
统〔統〕
恸〔慟〕

tou
头〔頭〕

tu
图〔圖〕
涂〔塗〕
钍〔釷〕

tuan
抟〔摶〕
团〔團〕

〔糰〕

tui
颓〔頹〕

tun
饨〔飩〕

tuo
饦〔飥〕
驼〔駝〕
鸵〔鴕〕
驮〔馱〕
鼍〔鼉〕
椭〔橢〕
萚〔蘀〕
箨〔籜〕

W

wa
娲〔媧〕
洼〔窪〕
袜〔襪〕㉟

wai
喎〔喎〕

wan
弯〔彎〕
湾〔灣〕
纨〔紈〕
顽〔頑〕
绾〔綰〕
*万〔萬〕

wang
网〔網〕
辋〔輞〕

wei
*为〔為〕
维〔維〕
潍〔濰〕

*韦〔韋〕
违〔違〕
围〔圍〕
涠〔潿〕
帏〔幃〕
闱〔闈〕
伪〔偽〕
鲔〔鮪〕
诿〔諉〕
炜〔煒〕
玮〔瑋〕
苇〔葦〕
韪〔韙〕
伟〔偉〕
纬〔緯〕
硙〔磑〕
谓〔謂〕
卫〔衛〕

wen
鳁〔鰮〕
纹〔紋〕
闻〔聞〕
阌〔閿〕
稳〔穩〕
问〔問〕

wo
涡〔渦〕
窝〔窩〕
莴〔萵〕
蜗〔蝸〕
挝〔撾〕
龌〔齷〕

wu
诬〔誣〕
*乌〔烏〕㊱
呜〔嗚〕

钨〔鎢〕
邬〔鄔〕
*无〔無〕㊲
芜〔蕪〕
妩〔嫵〕
怃〔憮〕
庑〔廡〕
鹉〔鵡〕
坞〔塢〕
务〔務〕
雾〔霧〕
骛〔騖〕
鹜〔鶩〕
误〔誤〕

X

xi
牺〔犧〕
饩〔餼〕
锡〔錫〕
袭〔襲〕
觋〔覡〕
鳛〔鰼〕
玺〔璽〕
铣〔銑〕
系〔係〕
〔繫〕⑪
细〔細〕
阋〔鬩〕⑭
戏〔戲〕

xia
虾〔蝦〕
辖〔轄〕
硖〔硤〕

峡〔峽〕
侠〔俠〕
狭〔狹〕
吓〔嚇〕㊳

xian
鲜〔鮮〕
纤〔纖〕㊴
跹〔躚〕
锨〔鍁〕
莶〔薟〕
贤〔賢〕
咸〔鹹〕
衔〔銜〕
挦〔撏〕
闲〔閑〕
鹇〔鷳〕
娴〔嫻〕
痫〔癇〕
藓〔蘚〕
蚬〔蜆〕
显〔顯〕
险〔險〕
猃〔獫〕
铣〔銑〕
*献〔獻〕
线〔綫〕
现〔現〕
苋〔莧〕
岘〔峴〕
县〔縣〕㊵
宪〔憲〕
馅〔餡〕

xiang
骧〔驤〕
镶〔鑲〕
*乡〔鄉〕

芗[薌]
缃[緗]
详[詳]
鲞[鯗]
响[響]
饷[餉]
飨[饗]
向[嚮]
象[像]㊶
项[項]

xiao
骁[驍]
哓[嘵]
销[銷]
绡[綃]
嚣[囂]
枭[梟]
鸮[鴞]
萧[蕭]
潇[瀟]
蟏[蠨]
箫[簫]
晓[曉]
啸[嘯]

xie
颉[頡]
撷[擷]
缬[纈]
协[協]
挟[挾]
胁[脅]
谐[諧]
*写[寫]㊷
亵[褻]
泻[瀉]
绁[紲]

谢[謝]

xin
锌[鋅]
诉[訴]
衅[釁]

xing
兴[興]
荥[滎]
钘[鈃]
铏[鉶]
陉[陘]
饧[餳]

xiong
讻[訩]
诇[詗]

xiu
馐[饈]
鸺[鵂]
绣[繡]
锈[鏽]

xu
须[須]
[鬚]
谞[諝]
许[許]
诩[詡]
顼[頊]
续[續]
绪[緒]

xuan
轩[軒]
谖[諼]
悬[懸]
选[選]
癣[癬]
旋[鏇]

铉[鉉]
绚[絢]

xue
学[學]
峃[嶨]
鳕[鱈]
谑[謔]

xun
勋[勛]
埙[壎]
驯[馴]
询[詢]
*寻[尋]
浔[潯]
鲟[鱘]
训[訓]
讯[訊]
逊[遜]

Y

ya
压[壓]㊸
鸦[鴉]
鸭[鴨]
铘[釾]
哑[啞]
氩[氬]
*亚[亞]
垭[埡]
挜[掗]
娅[婭]
讶[訝]
轧[軋]

yan
阏[閼]
阎[閻]

恹[懨]
颜[顏]
盐[鹽]
*严[嚴]
阎[閻]
厣[厴]
魇[魘]
觃[覎]
俨[儼]
奁[奩]
谚[諺]
*厌[厭]
餍[饜]
赝[贋]
艳[艷]
滟[灔]
谵[譫]
砚[硯]
酽[釅]
验[驗]

yang
鸯[鴦]
疡[瘍]
炀[煬]
杨[楊]
扬[揚]
旸[暘]
钖[鍚]
阳[陽]
痒[癢]
养[養]
样[樣]

yao
*尧[堯]㊹

峣[嶢]
谣[謠]
铫[銚]
轺[軺]
疟[瘧]
鹞[鷂]
钥[鑰]
药[藥]

ye
爷[爺]
靥[靨]
*页[頁]
烨[燁]
晔[曄]
*业[業]
邺[鄴]
叶[葉]㊺
谒[謁]

yi
铱[銥]
医[醫]
瞖[瞖]
祎[禕]
颐[頤]
仪[儀]
诒[詒]
饴[飴]
蚁[蟻]
钇[釔]
谊[誼]
瘗[瘞]
镒[鎰]
缢[縊]
勚[勩]

择[擇]
译[譯]
驿[驛]
峄[嶧]
绎[繹]
*义[義]㊻
议[議]
轶[軼]
*艺[藝]

ye
呓[囈]
亿[億]
忆[憶]
诣[詣]
镱[鐿]

yin
铟[銦]
*阴[陰]
荫[蔭]
龈[齦]
银[銀]
饮[飲]
*隐[隱]
瘾[癮]
裀[裀]
鄞[鄞]

ying
应[應]
鹰[鷹]
莺[鶯]
罂[罌]
婴[嬰]
璎[瓔]
樱[櫻]
撄[攖]
嘤[嚶]
鹦[鸚]
缨[纓]

荧[熒]
莹[瑩]
茔[塋]
萤[螢]
萦[縈]
营[營]
赢[贏]
蝇[蠅]
瘿[癭]
颖[穎]
颍[潁]

yo
哟[喲]

yong
痈[癰]
拥[擁]
佣[傭]
镛[鏞]
鳙[鱅]
颙[顒]
踊[踴]

you
忧[憂]
优[優]
鱿[魷]
*犹[猶]
莸[蕕]
铀[鈾]
邮[郵]
铕[銪]
诱[誘]

yu
纡[紆]
舆[輿]
欤[歟]
余[餘]㊼

觎〔覦〕
诀〔訣〕
*鱼〔魚〕
渔〔漁〕
欤〔歟〕
*与〔與〕
语〔語〕
龉〔齬〕
伛〔傴〕
屿〔嶼〕
誉〔譽〕
钰〔鈺〕
吁〔籲〕㊸
御〔禦〕
驭〔馭〕
阈〔閾〕
妪〔嫗〕
郁〔鬱〕
谕〔諭〕
鹆〔鵒〕
饫〔飫〕
狱〔獄〕
预〔預〕
滪〔澦〕
蓣〔蕷〕
鹬〔鷸〕

yuan
渊〔淵〕
鸢〔鳶〕
鸳〔鴛〕
鼋〔黿〕
园〔園〕
辕〔轅〕
员〔員〕
圆〔圓〕
缘〔緣〕

橼〔櫞〕
远〔遠〕

yue
约〔約〕
哕〔噦〕
阅〔閱〕
钺〔鉞〕
跃〔躍〕
*乐〔樂〕
钥〔鑰〕

yun
*云〔雲〕
芸〔蕓〕
纭〔紜〕
涢〔溳〕
郧〔鄖〕
殒〔殞〕
陨〔隕〕
恽〔惲〕
晕〔暈〕
郓〔鄆〕
运〔運〕
酝〔醞〕
韫〔韞〕
缊〔縕〕
蕴〔蘊〕

Z

za
臜〔臢〕
杂〔雜〕

zai
载〔載〕

zan
趱〔趲〕

攒〔攢〕
錾〔鏨〕
暂〔暫〕
赞〔贊〕
瓒〔瓚〕

zang
赃〔贓〕
脏〔臟〕
〔髒〕
驵〔駔〕

zao
凿〔鑿〕
枣〔棗〕
灶〔竈〕

ze
责〔責〕
赜〔賾〕
啧〔嘖〕
帻〔幘〕
箦〔簀〕
则〔則〕
泽〔澤〕
择〔擇〕

zei
贼〔賊〕

zen
谮〔譖〕

zeng
缯〔繒〕
赠〔贈〕
锃〔鋥〕

zha
铡〔鍘〕
闸〔閘〕
轧〔軋〕

鲞〔鮝〕
鲊〔鮓〕
诈〔詐〕

zhai
斋〔齋〕
债〔債〕

zhan
鹯〔鸇〕
鳣〔鱣〕
毡〔氈〕
觇〔覘〕
谵〔譫〕
斩〔斬〕
崭〔嶄〕
盏〔盞〕
辗〔輾〕
绽〔綻〕
颤〔顫〕
栈〔棧〕
战〔戰〕

zhang
张〔張〕
*长〔長〕④
涨〔漲〕
帐〔帳〕
账〔賬〕
胀〔脹〕

zhao
钊〔釗〕
赵〔趙〕
诏〔詔〕

zhe
谪〔謫〕
辙〔轍〕
蛰〔蟄〕
辄〔輒〕
詟〔讋〕
折〔摺〕㊾
锗〔鍺〕
这〔這〕
鹧〔鷓〕

zhen
针〔針〕
贞〔貞〕
浈〔湞〕
祯〔禎〕
桢〔楨〕
侦〔偵〕
缜〔縝〕
诊〔診〕
轸〔軫〕
鸩〔鴆〕
赈〔賑〕
镇〔鎮〕
纼〔紖〕
阵〔陣〕

zheng
钲〔鉦〕
征〔徵〕㊿
铮〔錚〕
症〔癥〕
*郑〔鄭〕
证〔證〕
帧〔幀〕
诤〔諍〕

*执〔執〕
絷〔縶〕
纸〔紙〕
挚〔摯〕
贽〔贄〕
鸷〔鷙〕
掷〔擲〕
滞〔滯〕
栉〔櫛〕
轾〔輊〕
致〔緻〕
帜〔幟〕
制〔製〕
*质〔質〕
踬〔躓〕
锧〔鑕〕
骘〔騭〕

zhong
终〔終〕
钟〔鐘〕
〔鍾〕
种〔種〕
肿〔腫〕
众〔眾〕

zhou
诌〔謅〕
赒〔賙〕
鸼〔鵃〕
轴〔軸〕
纣〔紂〕
荮〔葤〕
骤〔驟〕
皱〔皺〕
绉〔縐〕
㤘〔㥮〕
㑇〔㑇〕

昼〔晝〕

zhu
诸〔諸〕
槠〔櫧〕
朱〔硃〕
诛〔誅〕
铢〔銖〕
烛〔燭〕
嘱〔囑〕
瞩〔矚〕
贮〔貯〕
驻〔駐〕
铸〔鑄〕
筑〔築〕

zhua
挝〔撾〕

zhuan
*专〔專〕
砖〔磚〕
䏝〔膞〕
颛〔顓〕
转〔轉〕
啭〔囀〕
赚〔賺〕
传〔傳〕
馔〔饌〕

zhuang
妆〔妝〕
装〔裝〕
庄〔莊〕(51)
桩〔樁〕
戆〔戇〕
壮〔壯〕
状〔狀〕

zhui
骓〔騅〕

zi					zu	
锥[錐]	准[準]	zi	缁[緇]	级[縱]	zu	缵[纘]
赘[贅]	zhuo	谘[諮]	锱[錙]	zou	镞[鏃]	赚[賺]
缒[縋]	锗[鍺]	资[資]	渍[漬]	诹[諏]	诅[詛]	zun
缀[綴]	浊[濁]	镃[鎡]	zong	鲰[鯫]	组[組]	鳟[鱒]
坠[墜]	诼[諑]	龇[齜]	综[綜]	驺[騶]	zuan	zuo
zhun	镯[鐲]	辎[輜]	枞[樅]	邹[鄒]	钻[鑽]	凿[鑿]
谆[諄]		锱[錙]	总[總]		躜[躦]	

注 釋

①蚕：上從天，不從夭。

②缠：右從里，不從厘。

③尝：不是賞的簡化字。賞的簡化字是赏（見後）。

④长：四筆。筆順是：ノ一ヒ长。

⑤在迭和叠意義可能混淆時，叠仍用叠。

⑥四川省酆都縣已改丰都縣。姓酆的酆不簡化作邦。

⑦答覆、反覆的覆簡化作复，覆蓋、顛覆的覆仍用覆。

⑧乾坤、乾隆的乾讀 qián（前），不簡化。

⑨不作坏。坏是磚坏的坏，讀 pī（批），坏坏二字不可互混。

⑩作多解的夥不簡化。

⑪繫帶子的系讀 jì（計）。

⑫将、浆、桨、奖、酱：右上角從夕，不從夕或夊。

⑬藉口、憑藉的藉簡化作借，慰藉、狼藉等的藉仍用藉。

⑭鬥字頭的字，一般也寫作門字頭，如鬮、鬧、鬩寫作鬮、鬧、鬩。因此，這些鬥字頭的字可簡化作门字頭。但鬥爭的鬥應簡作斗（見前）。

⑮壳：几上沒有一小橫。

⑯类：下從大，不從犬。

⑰丽：七筆。上邊一橫，不作兩小橫。

⑱临：左從一短豎一長豎，不從刂。

⑲岭：不作岺，免與岑混。

⑳马：三筆。筆順是：フ马马。上部向左稍斜，左上角開口，末筆作左偏旁時改作平挑。

㉑卖：從十從买，上不從士或土。

㉒讀 me 輕聲。讀 yāo（夭）的么應作幺（幺本字）。吆應作吆。麽讀 mó（摩）時不簡化，如幺麽小丑。

㉓黾：從口從电。
㉔乌：五筆。
㉕作門屏之間解的宁（古字罕用）讀 zhù（柱）。爲避免此宁字與寧的簡化字混淆，原讀 zhù 的宁作宀。
㉖区：不作区。
㉗前仆後繼的仆讀 pū（撲）。
㉘庆：從大，不從犬。
㉙赏：不可誤作尝。尝是嘗的簡化字（見前）。
㉚古人南宮适、洪适的适（古字罕用）讀 Kuò（括）。此适字本作𨓈，爲了避免混淆，可恢復本字𨓈。
㉛中藥蒼术、白术的术讀 zhú（竹）。
㉜肃：中間一竪下面的兩邊從八，下半中間不從米。
㉝条：上從夂，三筆，不從攵。
㉞厅：從厂，不從广。
㉟袜：從末，不從未。
㊱乌：四筆。
㊲无：四筆。上從二，不可誤作旡。
㊳恐吓的吓讀 hè（赫）。
㊴纖維的纖讀 xiān（先）。
㊵县：七筆。上從且。
㊶在象和像意義可能混淆時，像仍用像。
㊷写：上從冖，不從宀。
㊸压：六筆。土的右旁有一點。
㊹尧：六筆。右上角無點，不可誤作尧。
㊺叶韻的叶讀 xié（協）。
㊻义：從乂（讀 yì）加點，不可誤作叉（讀 Chā）。
㊼在余和餘意義可能混淆時，餘仍用餘。
㊽喘吁吁，長吁短嘆的吁讀 Xū（虛）
㊾在折和摺意義可能混淆時，摺仍用摺。
㊿宮商角徵羽的徵讀 zhǐ（止），不簡化。
(51)庄：六筆。土的右旁無點。